영미소설 해설총서 6

THOMAS HARDY

Jude the Obscure

무명의 주드

고영란 저

신아사

『영미소설 해설총서』를 발간하며

『영미소설 해설총서』가 한국근대영미소설학회에 의해 기획되어 출판이 시작된 지 5년이 흘렀습니다. 한국근대영미소설학회는 대학에서 영미소설을 가르치고 연구하는 교수들의 모임으로써, 그동안 『18세기 영국소설 강의』, 『19세기 영국소설 강의』, 『19세기 미국소설 강의』, 『미국소설사』, 『영국소설사』, 『미국소설 명장면 모음집』, 『영국소설 명장면 모음집』 등 영미소설에 관한 중요한 책들을 출판해 왔습니다. 『영미소설 해설총서』는 한국근대영미소설학회의 일곱 번째 기획 사업입니다. 당시 이 사업을 기획하셨던 김정희 회장님께서는 그 의의를 다음과 같이 머리말에서 쓰고 있습니다.

> 많은 시간을 요구하는 영미소설읽기가 그 노력에 상응하는 즐거움과 결실을 준다는 믿음을 바탕으로 근대영미소설학회는 그동안 영미소설읽기가 보다 보편화되는 데 앞장서고자 여러 가지 기획물을 출판해왔습니다. 지금까지의 기획물들은 영미소설에 대한 개괄적 지식을 제공하고 영미소설전반에 대한 진지한 관심과 호기심을 끌어내는 일에 초점이 맞춰져 있었다고 볼 수 있습니다. 그러나 이번에 시작한 새 기획물인 『영미소설 해설총서』는 한국 독자가 개별 작품 전권을 독파하려할 때 반드시 필요한 정보와 믿음직한 조언을 제공한다는 취지로 만든 것입니다.

이러한 취지로 시작한 『영미소설 해설총서』가 4권 정도만 출판된 채 그동안 다소 지연되고 있었던 데에는 여러 가지 이유가 있겠으나, 무엇보다 전문분야에 따라 각 권의 출판을 맡으신 교수님들이 완벽한 전문 해설서를 내고자 하는 의욕이 크신 한편 강의와 연구로 바쁜 일정 때문에 원고 출고가 미루어지고 있었기 때문이라고 할 수 있습니다. 그러나 영문학을 전공하는 학부생들이나 대학원생들 뿐 아니라 영미소설에 관심을 가지고 영미문학과 문화를 이해하고 인간에 대한 이해를 넓혀가려는 많은 일반 독자들에게 영미의 주옥같은 소설들에 대한 좋은 해설서를 제공하는 것이 얼마나 중요한지를 인식하시는 교수님들의 의욕이 다시 이 해설총서 시리즈를 살아나게 하셨고, 이에 출판을 재개하게 된 점을 매우 기쁘고 감사하게 생각합니다.

『영미소설 해설총서』는 영미의 가장 대표적인 소설들을 선정하여 각 작품에 대한 깊이 있는 이해를 제공할 뿐 아니라 원전으로 읽는 영미소설의 즐거움을 제공하게 될 것입니다. 무엇보다 각 해설서가 그 작품에 대해 전문적인 연구를 해오신 교수님들에 의해 쓰여짐으로써 권위 있는 해설이 주는 책읽기의 즐거움을 제공할 것입니다.

이 총서의 각 권은 작가 소개, 작품의 배경 소개, 작품 본문에 대한 장별 해설 및 주석, 등장인물 소개와 분석, 작품의 언어 및 기교 분석, 토론 주제 및 생각거리 제시, 비평적 접근 소개, 참고문헌 등으로 구성되어 있습니다. 이러한 구성은 영문학 전공자와 일반 독자 모두에게 해당 소설에 대한 이해에 있어서 깊이와 폭을 제공할 것입니다.

다시 출판이 재개된『영미소설 해설총서』시리즈가 부디 많은 독자들에게 영미소설을 읽는 즐거움과 보람을 제공하게 될 것을 소망하면서, 기획과 출판에 참여해주신 모든 교수님들께 심심한 감사를 드립니다. 특히 출판이 지연되고 있는 기간에도 인내심을 가지고 기다려주시고 다시『영미소설 해설총서』의 출판을 맡아주신 신아사에게 특별한 감사를 드립니다.

한국근대영미소설학회장
오정화

차 례

영미소설 해설총서 6『무명의 주드』

『무명의 주드』는 1894년 12월부터 1895년 11월까지 첫 두 회는 『바보들』, 그 다음에는 『반란자들』이라는 제목으로 『하퍼즈 먼쓰리』에 총12회 연재되었다. 이 책에서 작품의 플롯과 해설에 소개된 삽화들은 이 잡지에 실렸던 삽화들이다. 이 삽화들은 윌리엄 하쓰렐(William Hatherell)이 그렸고, 필립 앨링햄(Philip V. Allingham)이 스캔하고 표제를 달았다. 빅토리안 웹에 실려 있다.
http://www.victorianweb.org/art/illustration/hatherell/*.html

이 책에 사용한 하디의 텍스트는 *Jude the Obscure*, 2nd edition, ed. Norman Page, W.W.Norton & Company, New York, 1999. 이다.

주해와 중요어구에서는 괄호 속에 하디 텍스트의 쪽수를 표시했다. 단 동일한 페이지일 경우에는 처음에만 쪽수를 밝히고 이후에는 생략했다.

THOMAS HARDY

Jude the Obscure

I. 작가와 작품 배경

I. 작가와 작품 배경

Thomas Hardy

작가의 생애와 시대 배경

A. 토마스 하디(Thomas Hardy)의 생애

토마스 하디는 1840년 영국 남서부 도오셋(Dorset) 지방의 작은 마을 하이어 복크햄튼(Higher Bockhampton)에서 태어났다. 음악을 사랑했던 아버지의 영향으로 어린 나이에 바이올린을 잘 연주할 수 있었던 하디는 교회의 성가대에서 활동했으며 독서를 즐겼던 어머니의 영향으로 책을 가까이하며 자라났다.

하디 집안은 4대째 석공 일을 하였고 그의 아버지는 석공으로 출발해 건축업자로 자수성가한 인물이었기에 그 사회적 위치는 장인 계급에 속한다. 하디는 '점잖은'(genteel) 계층에 속하지 못한 그의 출

하디의 생가인 복크햄튼

신 배경을 의식하면서 열등감을 지니고 있었다. 이는 석공이라는 이유로 대학 진학을 거부당한 주드(Jude)라는 인물의 형상화에 영향을 미쳤다.

고등학교 재학 중 하디는 버질(Virgil)의 작품을 라틴어 원문으로 읽을 수 있을 만큼 라틴어 실력이 수준급이었고 세익스피어(Shakespeare)를 비롯한 고전 작품을 탐독할 정도로 독서를 즐겼다. 그러나 경제적인 형편 때문에 대학 진학은 못하고 16세 때인 1856년에 도오셋의 중심 도시 도체스터(Dorchester)로 가서 건축가인 존 힉스(John Hicks)의 도제가 되었다. 도제로서 일하는 동안에 그는 힉스 뿐 아니라 다른 도안사들과 철학이나 종교에 대해 토론하며 견문을 넓히는가 하면 목사가 될 꿈을 품고서 그리스어를 독학했다. 이즈음 만난 호레이스 모울(Horace Moule)은 옥스퍼드와 케임브리지 대학을 다닌 지식인으로서 하디에게 사상적으로 큰 영향을 미쳤다. 또한 이 시절 하디는 지방 방언의 시인(dialect-poet)이자 학자인 윌리엄 반즈(William Barnes)를 만나 친교를 맺었다.

호레이스 모울 (1832-1873)

23세가 된 1862년에 힉스 건축사무소에서의 견습을 마치고 런던에 간 하디는 당시에 중세 고딕양식을 부활시킨 젊은 건축사 아써 블룸필드(Arthur Bloomfield) 밑에서 일하며 교회 재건

도체스터 지방

사업에 참여하게 된다. 이 시기에 그는 세익스피어 극을 보고 오페라를 감상하는 등 문화생활을 하면서 예술에 대한 안목을 넓혔다. 다양한 문학 수업과 함께 하디는 허버트 스펜서(Herbert Spencer), 오거스트 꽁트(Auguste Comte), 존 스튜어트 밀(John Stuart Mill), 토마스 헨리 헉슬리(Thomas Henry Huxley) 등 과학이나 철학에 대한 책을 섭렵했다. 점차 전통적 종교를 포기하게 된 그는 25세가 되던 해 목사가 되기 위해 진학하려 했던 대학에의 꿈을 버리게 된다. 대신 퍼시 셸리(Percy Shelley), 로버트 브라우닝(Robert Browning), 특히 이교도적 감수성을 지닌 스윈번(Swinburne)의 시를 즐겨 읽으며 1865년경부터는 본격적으로 시를 쓰기 시작했다.

18세 경의 트리프나

1867년 하디는 건강상의 이유로 고향 도체스터로 돌아와 다시 힉스 밑에서 일을 하게 된다. 그 시절 그는 자기보다 11살 연하의 이종사촌 여동생인 16세 된 트리프나 스팍스(Tryphena Sparks)와 사랑에 빠진 것으로 추정된다. 하디는 그녀에 대해서 전혀 언급한 적이 없으며 그들의 관계에 대해서는 명확한 기록이 남아있지 않지만 약혼까지 할 정도로 열정적이었다는 설이 있다. 트리프나는 하디의 아들을 낳아 그 사실을 숨긴 채 자기 여동생으로 하여금 그 아이를 키우게 한 것으로 전해진다. 하디는 『무명의 주드』(*Jude the Obscure*)의 「서문」에서 한 여인의 죽음이 이 작품의 배경이 되었음을 밝히고 있는데, 교육대학을 나와 교사 생활을 한 트리프나의 생애는 여주인공 수(Sue)를 연상시키는 면이 적지 않다.

한편 하디는 시를 통해서는 생계를 이어나가기가 어렵다는 생각에 소설을 쓰기로 하고 1868년 그의 첫 소설인 『가난한 남자와 귀부인』(*The Poor Man and the Lady*)의 초고를 완성한다. 이 작품은 이야기의 구성이 느슨하고 상류 계층이 지나치게 부정적으로 묘사되었다는 이유로 『맥밀란』(Macmillan)출판사에 의해 출판을 거절당한다. 하디의 작품으로 첫 출판된 소설은 1870년 완성한 두 번째 소설 『무모한 구제책』(*Desperate Remedies*)인데, 이 책은 당시에 일반화된 연재 형식으로 출판되었다.

1870년 하디는 교회 보수를 감독하러 콘웰(Cornwall)에 갔다가 교회 신부의 처제이자 변호사의 딸인 엠마 기포드(Emma Gifford)를 만난다. 그는 활발한 성격의 문학소녀인 엠마에게 끌리게 된다. 1872년 『푸른 숲 아래에서』(*Under the Greenwood Tree*)의 성공에 이어 1874년 『광란의 무리를 멀리 떠나』(*Far From the Madding Crowd*)가 『콘힐』(*Cornhill*) 지에 매달 성공리에 연재되는 가운데, 경제적으로 안정된 하디는 그해 엠마와 결혼한다.

엠마 기포드(1840-1912)

『광란의 무리를 멀리 떠나』의 성공을 계기로 소설가로서의 명성을 얻게 된 하디는 건축일을 그만두고 전업 작가로서의 길을 걷기 시작한다. 이

전 작품과는 다른 유형의 소설인 『에셀버타의 손』(*The Hand of Ethelberta*)이 1876년 『콘힐』지에 연재되었으나 성공하지는 못했다. 1878년 『귀향』(*The Return of the Native*)을 출판한 후 런던으로 돌아온 하디는 1879년 『나팔수장』(*The Trumpet-Major*), 1881년 『냉담한 사람』(*A Laodicean*), 1882년 『탑 위의 두 사람』(*Two on a Tower*)을 출판하는 등 왕성한 창작 활동을 했다.

1883년경 하디는 그간에 도오셋 주변 지방을 전전하던 생활을 청산하고 도체스터 근교에 맥스 게이트(Max Gate)라는 집을 지어 영구히 정착한 후 그의 대표적 걸작들을 쓴다. 1886년에 『캐스터브리지의 시장』(*Mayor of Casterbridge*)을 출판하고 1886년에서 87년까지 『숲의 사람들』(*The Woodlanders*)을 『맥밀란』지에 연재한 후 1887년에 출간한다. 1888년 그는 『웨섹스 이야기』(*Wessex Tales*)라는 단편모음집도 낸다. 그러나 그의 다음 작품이자 대표작인 『더버빌가의 테스』(*Tess of the D'Urbervilles*)는 내용이 부도덕하다는 이유로 여러 출판사에서 연재를 거부당한 후 작품의 일부 내용을 삭제하고 수정한 후에야 『그래픽』(*Graphic*)지에 게재할 수 있었다. 1891년 연재가 끝난 다음 하디는 원래의 내용을 다시 살려 단행본으로 출판했는데 이 소설은 센세이셜한 반응을 불러일으켰다. 1892년에는 『사랑스러운 연인』(*The Well-Beloved*)

하디의 집 맥스 게이트

의 연재를 시작해 1897년 단행본으로 출판한다. 1894년에 단편집 『삶의 작은 아이러니들』(*Life's Little Ironies*)도 출판되었다.

하디는 1893년부터 1894년에 이르기까지 그의 마지막 소설인 『무명의 주드』를 집필하였다. 이 작품 역시 『테스』때와 마찬가지로 내용을 일부 고치고 삭제한 후에야 1894년 12월부터 1895년 11월까지 1년 동안 『하퍼즈 먼쓰리』(*Harper's Monthly*)지에 연재할 수 있었다. 1895년 하디는 수정한 부분을 원 상태로 복원시켜 단행본으로 내놓았다. 『무명의 주드』는 출판되자마자 『테스』보다 더 격렬한 항의와 비난을 받았다. 노동 계급의 주인공을 잘 형상화한 훌륭한 작품이라는 평가도 받았지만 성 문제를 노골적으로 다루었으며 작품의 분위기가 극도로 암울하고 비관적이라는 것이 대다수 독자들과 비평가들의 견해였다. 웨이크필드(Wakefield)의 주교는 격노하여 이 책을 공적인 장소에서 불태운 후 그 재를 하디에게 보내기까지 했고 순회도서관에서는 금서가 되었다. 『무명의 주드』를 수정하고 삭제하며 다시 복원시키는 과정 속에서 큰 고통을 겪은 하디는 소설 쓰기를 그만둔다.

하디는 여러 해에 걸쳐 써온 시들을 모아 1898년 출판한 『웨섹스 시편』(*Wessex Poems and Other Verse*)을 시작으로 그가 사망한 해인 1928년까지 8권의 시집을 냈다. 그 사이 나폴레옹 전쟁을 배경으로 하여 장대한 역사를 다룬 『군주』(*The Dynasts*)라는 극시를 1904년부터 1908년에 걸쳐 총 3부를 출간했다.

엠마와의 결혼 생활은 행복하지 못했다. 엠마가 사회적 지위가 상대적으로 낮은 하디 집안을 얕본 데다 둘 사이에 아이가 없었기 때문이다. 후에 정신착란 증세를 보인 엠마는 하디에게 공개적으로 무례하게 굴기도 하고 자신이 하디 작품의 상당 부분을 썼다고 주장하기도 하였다. 심지어 『무명의 주드』를 자기 자신에 대한 공격으로 받아들이고 이 책이 출판되지 못하도록 애쓰기도 했다. 하디가 『무명의 주드』에서 이혼을 쉽게 허용하지 않는 당대의 경직된 이혼법을 포함해서 결혼

제도를 비판한 것은 그 자신의 결혼 생활의 경험에서 비롯된 것으로 보인다.

불행한 결혼생활이었지만 1912년 엠마의 죽음은 하디에게 큰 충격을 준다. 회한의 감정에 사로잡힌 하디는 엠마와의 행복했던 시절을 회상하며 일련의 만가(elegy) 조의 시를 쓰게 되는데 이는 이후 영시 사상 가장 뛰어나다는 평을 받았다. 1914년 출판된 『상황의 풍자』(*Satires of Circumstances*)라는 시집에 실린 「1912-13년의 시편들」(Poems of 1912-13)에 이때의 비통한 심정과 회한 그리고 추억이 잘 담겨 있다.

1914년 74세의 하디는 맥스 게이트에서 자신의 비서로 일하던 플로렌스 에밀리 덕데일(Florence Emily Dugdale)과 재혼한다. 그녀는 하디의 문학적 명성을 자랑스러워하며 그에게 안정감을 주고자 노력했다. 하디는 1910년 국왕으로부터 황실 훈장(Order of Merit)을, 1913년과 1920년에는 각각 케임브리지와 옥스퍼드 대학에서 명예 박사학위를 수여 받았다. 많은 방문객들이 그의 저택 맥스 게이트를 찾았고 1925년에는 후에 에드워드 8세가 된 황태자의 예방을 받는 등 그는 영국 문단의 원로로서 대우받았다.

하디의 비서이자 아내였던 플로렌스 에밀리 덕데일 (1879-1937)

하디의 심장이 묻혀있는 스틴스퍼드 교회 묘지

노년에 들어서도 시를 집필하고 개정하는 작업을 계속하던 하디는 1928년 88세의 나이로 사망하였다. 그의 장례는 국장으로 거행되었고 유해는 웨스트민스터(Westminster) 대사원의 '시인의 코너'에 묻히게 되었다. 단 심장만은 고향에 묻히고 싶어 했던 그의 유지를 받들어 고향 도오셋의 스틴스퍼드(Stinsford) 교회에 있는 첫 아내 엠마의 묘 앞에 매장되었다.

B. 작품의 시대적, 문화적 배경

빅토리아 여왕의 시대가 막을 연 1837년으로부터 3년 후인 1840년에 태어난 하디는, 산업혁명으로 인해 촉발되었던 생산성 향상이나 산업화라는 눈부신 발전의 어두운 이면이 표면에 부상하면서 사회적 격변의 소용돌이에 휩싸였던 19세기 중, 후반기에 장년기를 보냈다. 노년에 하디는 1912년 타이타닉 호의 재난 소식을 들었고 1914년 발발한 제 1차 대전을 겪은 후 경제 대공황 직전인 1928년 세상을 떠났다.

하디가 태어난 1840년을 전후한 시대를 살펴보면, 1832년 제 1차 선서법 개정을 둘러싸고 사회적, 정치적 혼란이 야기되었고 이에 따라 여러 개혁적인 법이 입안되었다. 가령 1833년 '공장법'으로 노동자의 작업 조건이 개선되었고 1834년 '빈민법'의 통과로 빈민가의 위생 상태가 개선되었으며 1835년 '지방자치법'으로 중소도시의 치안과 생활 환경이 좋아졌다. 그럼에도 불구하고 개선되지 못한 열악한 노동 조건에 시달리던 노동계층은 경제불황이 극심해지고 식량 가격이 치솟자 투쟁에 나섰다. 이는 차티즘 운동으로 절정에 이르는데, 이 운동은 1848년 실패로 끝난다. 다른 한편 아일랜드에서는 1846년 감자 기근 사건이 일어났으며 빈부의 양극화가 심화된 결과 1848년에는 마르크스(Marx)와 엥겔스(Engels)에 의한 '공산주의 선언'이 있었다. 1830년대와 1840년대에 걸친 개혁의 여파로 영국 사회는 농업사회에서 산업사회로, 귀족 사회에서 상공인들의 사회로 대전환을 이룩하게 되었다. 격변기를 넘긴 영국은 1851년 런던의 하이드 파크(Hyde Park)에 수정궁이라는 거대한 유리 건물을 지어 세계 최초의 대박람회를 개최한 이래 빅토리아 여왕의 등극 50주년을 기념하는 1887년까지 안정과 번영을 구가한다.

1851년 대박람회가 개최된 수정궁

존 헨리 뉴먼(1801-1890)

1830년대와 1840년대의 중요한 사회적 배경은 '옥스퍼드 운동'(Oxford Movement)의 전개이다. 이 운동은 존 헨리 뉴먼(John Henry Newman)을 중심으로 시작되었는데 영국 교회 내의 지나친 복음주의적 프로테스탄티즘에 반대하여 초기 기독교 교리로의 복귀를 주창하였다. 이 운동의 주도자들은 고교회파(High Church)를 옹호하는 일련의 소논문(tract)을 발표함으로써 일반 대중에게 호소하는 전략을 구사했기 때문에 이 운동은 '트랙태리어니즘'(Tractarianism)이라고도 불린다. 이는 뉴먼이 1845년 로마 가톨릭으로 개종하면서 절정에 이른다. 이후 에드워드 퓨지(Edward Pusey)가 이 운동을 이끌면서 '퓨지즘'(Puseyism)으로도 불리게 되었다.

하디는 의식과 형식을 중요시하는 고교회파의 관행이 비종교적일 뿐 아니라 인간의 자연스런 본능을 억제하는 면이 있음을 비판했다. 고교회의 외적 장식에 대한 강조가 곧 개인의 주체적 의지의 포기와 형식에의 절대적인 순종의 요구로 이어진다고 하디는 보았다. 『무명의 주드』에서 하디는 교회에서 이루어진 필롯슨과의 첫 결혼만이 신성하다고 강변하면서 자기학대적인 금욕과 인습적인 결혼에 자신을 종속시키는 여주인공 수의 변화를 고교회의 관행 및 이론과 연관시킨다.

종교와 함께 막강한 사회적 영향을 미친 것은 과학의 발달이었다. 하디가 19세 되던 1859년 찰스 다윈(Charles Darwin)은 『종의 기원』을 통해 성서적 창조설을 부정하는 진화론을 발표했다. 『종의 기원』은 형식적이나마 전통적인 신앙을 받아들이고 교회의 권위에 복종하던 당대 사회에 큰 충격을 던져 주었으며 이로 인해 그 이전까지 유지되어 온 빅토리아조의 질서와 안정감은 혼돈과 불확실성으로 바뀌게 되었

다윈을 원숭이로 희화화한 삽화(1871). 이 삽화는 "존경하는 오랑우탄"이라는 제목으로 『The Hornet』지에 실렸다.

다. 당시 청년기에 접어든 하디 또한 깊은 영향을 받아 기독교와 그에 따른 관습을 비판적으로 조망하고 그 관습에 회의와 의문을 품게 된다. 1860년대 이후의 작품 속에서 기독교 사회적 관습과 가치관에 대한 문제의식이 나타나고 있는 것은 이 때문이다.

진화론의 영향과 함께 하디로 하여금 기독교 사회에 문제의식을 갖게 만든 것은 당대 사회가 표면적인 금욕 생활이나 예의범절 등과는 대조적으로 내면적으로는 부패했다는 인식이었다. 1850년에는 8천명의 창녀가 런던(London)에서 매음행위를 하고 있었다거나 리드(Leed)시의 경우 두 개의 교회와 39개의 교회당이 있는 반면 451개의 술집과 98개의 매음촌이 있었다는 사실은 당대 사회의 표리부동성과 속물성을 잘 보여주는 예이다.

사회 관습에 대한 하디의 회의는 기독교 사회적 문명과 인습에 대한 당대 지성인들의 비판의 영향을 받아 더 심화된 것으로 보인다. 하디의 작품을 자세히 살펴보면 하디는 그들 진보적 지식인 중에서도 밀과 매슈 아놀드(Matthew Arnold)의 영향을 가장 크게 받았음을 알 수 있다. 가령 『무명의 주드』에서는 수가 밀의 「자유론」(On Liberty, 1859)의 내용을 인용하고 인습의 압력으로부터 자유로운 상태에서 자기가 선택한 대로 살아갈 것을 선언하는 장면이 나온다. 문명을 비판한 「교양과 무질서」(Culture and Anarchy, 1869)에서 아놀드는 노동 계급의 무질서한 폭동과 자유경제 체제 하에서 자행되는 중산계층의 이기적인 노동자 착취, 청교도 중산계층의 편협성과 속물성을 비판한다. 그

매슈 아놀드 (1822-1888)

릇된 자유의 관념에서 비롯된 무질서를 구제할 수 있는 방법은 인간성의 조화로운 완성을 지향하는 교양이라고 그는 주장한다. 아놀드에게 있어서 그것은 인습화된 기독교의 억제를 통해서보다는 자발적이고 능동적인 의식과 사물의 객관적인 관찰을 존중하는 헬레니즘적 정신을 강조하는 자기실현의 성취, 즉 인간의 잠재력을 최대한으로 조화롭게 발전시켜 하나의 인간으로 완성되는 일로 본 것이다. 『무명의 주드』에서도 기독교 문명사회가 비판되고 기독교 이전의 이교도적 옛 그리스인들의 "헬레니즘적 삶"이 보다 바람직한 삶의 방식으로 옹호되고 있다.

하디가 그의 주요 작품 대부분을 썼던 1880년대에는 빅토리아조의 시대적 이념이던 진보와 팽창의 이데올로기가 서서히 쇠퇴하던 시대였다. 빅토리아조 중엽의 희망과 확신의 분위기는 세기말에 환멸로 바뀌었는데 이러한 시대정신이 하디의 작품들에서 드러난다. 19세기 말엽에는 산업혁명 이후 산업화의 진전으로 인한 인구의 계속적인 이동으로 농촌 공동체의 삶과 그 전통이 붕괴되어가고 일자리를 찾아 이주한 노동자들은 이리저리 옮겨 다니며 뿌리 뽑힌 삶을 살아간다. 이들의 교통수단은 기차여서 기차역이 성당을 대신하여 현대적 삶의 중심이 되었다. 이러한 노동계층의 삶의 모습이 『무명의 주드』에 생생하게 형상화되어 있다.

Jude the Obscure

작품 소개와 비평 개요

A. 작품 소개

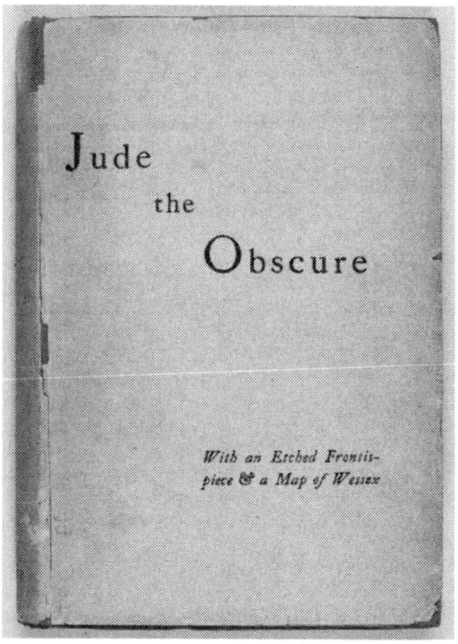

1895년 단행본으로 출판된 『무명의 주드』의 모습

하디는 목가적인 농촌 이야기나 추상적이고 형이상학적인 운명과 인간 사이의 대립에 관한 이야기를 쓴 것이 아니다. 19세기 말 영국 남부 농촌 사회의 변천과정에 대한 경험을 토대로 하여 그는 그 변화의 전반적이고 근본적인 성격을 실감나게 형상화했다. 당시까지는 영문학에서 정식으로 다루어지지 않았던 시골 지방과 그곳에 사는 사람들의 삶에 주목하여 당대 사회 현실의 핵심적이고 절실한 문제를 탐구한 것이다.

『무명의 주드』는 『광란의 무리를 멀리 떠나』, 『귀향』, 『숲 속의 사람들』, 『캐스터브리지의 시장』, 『더버빌가의 테스』와 함께 '웨섹스(Wessex) 소설'이라고 불린다. 웨섹스는 하디가 고향인 도오셋과 그 주변 지방을 모델로 하여 만들어낸 공간이다. 하디 소설에서 웨섹스는 단순히 형식적인 공간적 배경에 그치는 것이 아니다. 또한 제한되고 지역적인 배경에 머무르지도 않는다. 하디는 웨섹스 지방 특유의 관습과 풍속, 전설과 민담을 보여줌과 함께 더 나아가 그 지방을 배경으로 삼아 19세기 말 농촌 사회가 변화하고 해체되어가는 과정과 그 양상을 다룬다.

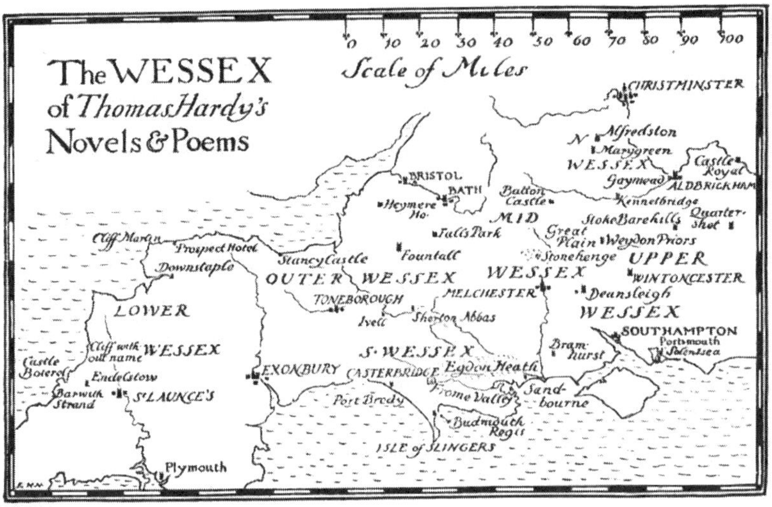

하디의 소설에 나오는 '웨섹스'의 지도

하디가 태어났을 당시 도오셋은 시골 고유의 미신이나 풍습이 그대로 남아있는 낙후된 지역이었다. 하디가 태어난 지 7년이 지난 1847년에서야 철도가 도입되었을 정도로 이 지역은 영국의 다른 지역에 비해 발전이 느렸다. 이곳에 현대화의 물결이 흘러들어오면서 생산양식이 변화하고, 새로운 선진적인 사상이 유입되고 교육에 관심을 갖게 되면서 사회 구성원들의 가치관에 변화가 일어난다. 사람들은 전통적인 믿음에 더 이상 가치를 두지 못하고 회의하는 가운데, 지적, 정신적 위기감을 갖게 된다. 이 변화의 물결에 수반되는 갈등과 불안 그리고 그로 인한 비극이 하디의 소설 특히『무명의 주드』에 생생하게 포착되어 있다.

19세기 중, 후반의 기차

『무명의 주드』에는 예전의 '농민층'이 이제는 도시의 빈민이 되어 현실에 뿌리내리지 못한 채 일자리를 찾아 계속 불안하게 떠돌아다니는 현상이 구체적이고 절박하게 그려져 있다.

인물들이 이동하는 범위 또한 노쓰 웨섹스(North Wessex)로 확산되다가 웨섹스 지방 바깥의 크라이스트민스터(Christminster)까지 확장된다. 주드와 수는 현대화의 상징인 철도를 이용하여 이곳저곳을 이동한다. 하디는 웨섹스 지방을 단순히 전원적인 농촌이 아니라 산업사회의 전반적인 변화의 흐름 속에 위치한 구체적인 역사의 현장으로 만들어낸 것이다.

『무명의 주드』의 또 하나의 특징은 결혼이라는 소재를 독특한 방식으로 이용하여 결혼제도의 문제점들을 새롭게 부각시키고 있는 점이다. 하디는 이 소설의 주제를 두 가지로 들고 있다. 첫 번째 주제는 충족되지 않은 목표 즉 대학 교육에 대한 꿈이고, 두 번째 주제는 육체와 정신 사이에서 벌어지는 처절한 싸움이다. 이 두 주제는 서로 상충되어 보이기 때문에 이 소설은 서로 다양하고 연관성이 없는 별개의 문제들을 복합적으로 다룬다는 비난을 받기도 했다. 그렇지만 이 소설에서 두 개의 주제를 비롯한 여러 문제들은 결혼이라는 큰 주제 속에 모두 포함된다. 하디가 「서문」에서 밝히고 있는 바 『무명의 주드』에는 결혼의 주제가 있고 그것은 그의 다른 소설들에 비해 보다 분명하게 전면에 부상하고 있다. 하디의 소설은 그 이전 영소설에서 그려진바 남녀가 여러 갈등을 겪다가 결국 행복한 결혼에 이른다고 결말짓는 대신 결혼 이후의 구체적인 부부관계에 더 많은 관심을 기울인다. 더 나아가 결혼제도라는 인위적인 규범과 자연적인 본능 사이에서의 갈등을 그려낸다. 이러한 갈등 속에서 주드가 인위적이고 편협한 결혼 제도의 관습을 벗어나 자유롭게 살아가겠다는 비판적인 인식을 정립하는 데서 드러나듯이 하디는 결혼을 단순히 관습적 제도에 국한시키지 않고 사회의 테두리를 넘어서 객관적으로 조망하고자 한다. 『무명의 주드』는 인습적인 종교의 묵인을 받은 법적 결혼제도와 형식을 부정하고 자연적인 본능과 사랑에 근거한 결혼 그 자체가 중요하다는 생각을 전면에 부각시킨다는 점에서 하디의 소설 중에서 가장 파격적이다.

대학 교육에의 꿈을 품은 노동계층을 주인공으로 삼고 있는 것도 하디 이전의 영소설과 구분되는 특징이다. 하디는 상당한 정도의 교육을 받았지만 그 당시에는 옥스퍼드와 케임브리지를 지칭하는 옥스브리지(Oxbridge)를 다니지 못한다는 것은 사실상 교육을 받지 못한 것이나 다름이 없었다. 때문에 하디는 독학자로 불린다. 『무명의 주드』의 주인공 주드는 대학 교육을 열망하지만 끝내 그 꿈을 이루지 못한다는 점에서 하디를 연상시킨다.

하디가 중, 하류 계층의 대학 교육 문제를 다룬 것은 변화하는 당대 사회적 분위기의 반영이기도 하다. 19세기 말엽은 대중을 위한 교육이라는 개념이 아주 강해진 시기였다. 교육용 책이 비싸지 않은 가격에 출판되었으며 공공 도서관이 개관했다. 토마스 켈리(Thomas Kelly)의 『영국성인교육사』(*A History of Adult Education in Great Britain*)에 따르면 19세기 말엽에 옥스퍼드와 케임브리지 대학이 대학 밖의 세상에 눈을 돌리게 되었다. 케임브리지 대학이 선도적으로 학교 밖에서도 대학 교육을 받을 수 있도록 강의를 개설했고 1878년 옥스퍼드 대학에서도 비슷한 시도가 있었다. 그 결과 수준 높은 교육망이 전국에 걸쳐 구축되어 교육을 받을 수 있는 기회가 노동 계층과 여성에게까지 확대되었다. 1878년에 옥스퍼드는 케임브리지에 이어 여자대학을 설립했다. 대학 교육을 확대하고 자유화하려는 분위기가 폭넓게 조성되고 있었던 것이다. 주드가 6부 10장에서 "소문에 듣기로 나처럼 힘없는 사람도 대학에 갈 수 있는 보다 좋은 기회가 열린다고 해"라거나 "대학교를 덜 배타적으로 만들고 그 영향력을 확장하는 계획이 잡혔다고 해"라고 말하고 있듯이 1884년경에는 교육의 기회를 확대하려는 움직임이 이미 상당히 진행 중이었다. 하디가 이 소설을 출판한 1896년은 대학의 배타성이 점차 누그러지고 있었고, 1898년에는 노동자들을 위한 러스킨(Ruskin) 대학이 옥스퍼드에 설립되었다. 주드는 시대에 조금 앞서 대학 교육에의 열망을 품었던 것이다.

『무명의 주드』의 또 하나의 특징은 '신여성' 문제를 다루면서 당대의 경직되고 편협한 성 관념을 비판하고, 여성에게 가해지는 성적, 경제적 억압 양상을 구체적으로 전면에 부상시킨다는 점이다. 수는 인습적인 결혼제도에 얽매이는 것을 거부하고 남성과의 관계에서 성을 배제한 채 친구로 지내려 하며 여성의 자유선택권과 성적 자율권을 주장한다. 성적 본능의 문제를 소설 전면에 부각시킨 점에서 이 소설은 당대에 아주 불쾌한 책으로 배척당하기도 했다.

B. 비평 개관

하디 소설의 초기 비평가들은 하디가 농촌을 묘사할 때 자연을 이상화하고 사라져 가는 과거에 대해 향수를 보내고 있다고 평가한다. 이와 함께 사실주의적 비평 기준에 의거하여 플롯의 작위성, 과도한 우연의 일치, 멜로드라마적인 구성, 교훈조의 설교나 현학적인 고전 인용 등을 하디 소설의 문제점으로 꼽는다. 하디 소설에서 사라져가는 옛 영국의 모습을 찾아내는 데이비드 세실(David Cecil, 1943)이나, 하디를 영국 농촌 세계의 진정한 시인으로 평가한 에드먼드 블런던(Edmund Blunden, 1942)도 이러한 비평 계열에 속한다.

하디를 사실주의자로 보는 비평 조류에 새로운 전기를 마련한 평자는 알버트 게라드(Albert J. Guerard)였다. 1949년 게라드는 하디를 19세기 사실주의 소설에서 현대의 심리소설 혹은 상징주의 소설로 넘어오는 전환기의 작가로 평가하며 『무명의 주드』를 최고의 작품으로 높이 평가한다. 게라드에 따르면 하디는 대중적 도덕가이자 사실주의 작가와 상징적인 현대 작가들 사이의 과도기적 인물이다. 50년대 이후 하디는 다양한 각도에서 연구되었다. 신비평 계열의 도로시 반 겐트(Dorothy Van Ghent, 1953)와 리처드 카펜터(Richard Carpenter, 1964)는 하디 소설에서 신화와 상징주의의 의미를, 데일 크래머(Dale Cramer,

1975)와 이안 그레거(Ian Gregor, 1974)는 형식과 구조를, 존 베일리(John Bayley, 1978)는 서술자와 시점의 다양한 변화를 고찰했다.

내용적인 면이 아니라 서술방법에 주목하기 시작한 평자는 데이비드 로지(David Lodge, 1966)였다. 로지는 하디 소설에서 서로 경쟁하는 다양한 목소리를 찾아냈다. 그는 여러 목소리들 뒤에는 이를 통합하는 목소리가 있다고 봄으로써 각 목소리들을 작가의 내적 분열의 표현으로 해석할 여지를 남겼다. 이후 현대의 비평가들은 목소리들의 상호 대립을 하디의 내면에서 일어난 분열의 결과로 보고 이에 관심을 기울였다. 그 중 가장 영향력 있는 비평가인 힐리스 밀러(Hillis Miller)는 『토마스 하디: 거리와 욕망』(*Thomas Hardy: Distance and Desire*, 1970)에서 '토마스 하디'가 일련의 여러 역할을 맡아 다양한 서술적 목소리를 내는데 그 사이에서 갈등이 드러난다고 지적한다(41). 서더링턴(Southerington)은 『하디의 인간에 대한 비전』(*Hardy's Vision of Man*, 1971)에서 한 인간으로서의 하디와 소설가로서의 하디 사이의 심리적 갈등을 찾아낸다(125). 크래머는 『토마스 하디: 비극의 형식』(*Thomas Hardy: The Forms of Tragedy*, 1975)에서 하디의 서술자가 등장인물에 대한 자신의 견해를 밝히지 않으며 하디는 좋다는 것뿐만 아니라 나쁘다는 것의 의미에 대해 회의적이었고 그 사이의 긴장은 해결되지 않은 채 남아있다고 주장한다. 마이클 밀게이트(Michael Millgate) 또한 『토마스 하디: 전기』(*Thomas Hardy: A Biography*, 1982)에서 "수의 성격에 대한 이 소설의 함축된 판단은 궁극적으로 불확실하고 일관성이 없어 보인다"(353-54)고 주장한다. 한 걸음 더 나아가 테리 이글턴(Terry Eagleton)은 『비평과 이데올로기』(*Criticism and Ideology*, 1976)에서 도시 중산층과 상류층 독자를 대상으로 지적 노동을 파는 소부르조아로서 하디가 겪던 불안과 갈등에 주목하면서 형식적으로 "잡종"(impurity, 131)인 하디 소설 속에는 화합할 수 없는 요소들의 갈등이 있다고 보고 거기에서 하디의 내적 분열과 자기모순을 읽어낸다.

한편 하디 소설을 역사적인 관점에서 당대의 구체적인 농촌 현실에 대한 재현으로 읽는 평자들도 있다. 초역사적인 목가적 특징을 강조한 초기 비평과는 달리 하디 소설을 당대 역사의 문맥에 위치시키는 것이다. 1950년대의 아놀드 케틀(Arnold Kettle, 1953)과 더글러스 브라운(Douglas Brown, 1954)을 필두로 한 이러한 논의는 70년대에 들어오면서 메린 윌리엄즈(Merryn Williams)와 레이먼드 윌리엄즈(Raymond Williams)의 연구로 심화된다. 윌리엄즈 부부의 논의는 역사적인 시각을 갖고 하디 소설을 접근한 점에서는 브라운이나 케틀과 궤를 같이하지만 농촌 사회를 정태적인 이상화된 세계로 보지 않고 자본주의화된 구조 속에서 파악한다는 점에서 그들과 다르다. 그들은 「하디와 사회계층」(Hardy and Social Class, 1980)에서 주드가 막연히 '농민'이 아니라 지주, 소작농, 농업노동자로 구성되는 농촌의 주요 세 계급 중 그 어디에도 속하지 않는 '중간계층'이었는데 이 '중간계층'은 농업노동자나 도시의 빈민으로 전락할 운명에 처해 있었다고 지적한다.

다른 한편 존 홀로웨이(John Holloway)를 비롯한 초기 하디 평자들은 하디를 운명론자 내지는 결정론자로 간주해왔다. 이러한 비평을 전면 부정하고 나온 평자는 로이 모렐(Roy Morrell)이다. 모렐은 『의지와 길』(*The Will and the Way*, 1965)에서 하디의 작중 인물들이 자기들의 자유의지를 행사했다면 충분히 비극을 피할 수 있었을 텐데 그렇지 못해서 비극을 맞았으므로 그 비극의 책임이 작중 인물 자신에게 있다고 주장한다. 인물의 성격이 운명을 좌우한다는 것이다. 이후 1970년대 하디를 진화론적 사회개량론자로 보는 일군의 평자들은 하디의 소설 속에서 당대 진화론자들의 영향을 찾아내면서 비극적 상황을 개선하려는 인간의 의지에 초점을 두어 그의 작품을 해석했다. 서더링턴이나 윤리적 진화론의 관점에서 하디 소설을 읽는 하이먼(Hyman, 1975) 등이 그러한 평자들이다.

1980년대에 들어 계급과 성의 연관성을 강조하며 활발히 전개된 하디 소설에 대한 여성론 비평은 관습을 벗어난 사고를 할 수 있는 하디의 여성 인물들이 사회적 억압과 제약에 저항하는 양상과 그 결과, 그리고 거기에 내포된 의미를 밝히는 데 관심을 기울였다. 여성론 평자들은 하디의 여성 문제 인식에 대해 크게 두 갈래의 상반된 관점을 취해왔다. 하디의 여성관을 진보적인 것으로 평가하는가 하면, 다른 한편에서는 여성 인물이 서술자의 남성적 시각에 갇혀 있다는 점에서 인습의 틀을 벗어나지 못한 하디의 보수성을 찾아낸다. 전자의 예로는 페니 부멜라(Penny Boumelha)를 들 수 있다. 부멜라는『토마스 하디와 여성』(*Thomas Hardy and Women*, 1982)에서 여성 인물들의 복잡성이나 사실주의 혹은 관습에의 도전에서보다는 그 인물들이 "단 하나의 단일화된 이데올로지컬한 위치로 축소"되지 않는 면에서 하디가 여성인물을 재현함에 있어서 급진적이었다고 주장한다(7). 후자의 예로는 캐서린 로저스(Katherine Rogers)를 들 수 있다. 로저스는「토마스 하디의 여성」(Women in Thomas Hardy, 1975)에서 하디가 여성에게 가해지는 억압을 비판하면서 사회 개선이 필요하다는 태도를 보이지만, 여전히 보수적인 사고의 틀에서 벗어날 수는 없었기 때문에 여성 인물의 비극적 좌절이라는 비관적인 색채가 농후한 소설을 썼다고 본다(254-58). 가령『무명의 주드』에서 사회에 대한 수의 반항적인 태도가 작품의 후반부에 가서 급속히 약화된 것으로 묘사된 이유는 여권론에 회의를 품은 하디의 보수성 때문이라는 것이다. 블레이크(Blake)는「수 브라이드헤드: 여권운동가」(Sue Bridehead: The Woman of the Feminist Movement, 1978)에서 하디가 여성에게 가해지는 제반 억압을 비판하고 관습을 뛰어 넘으려는 여성 인물의 노력에 공감을 보내면서도 여성으로 태어났기 때문에 불가피하게 희생당할 수밖에 없다는 입장을 보였다고 평가한다(725-26).『무명의 주드』에 나타난 하디의 여성관에 대한 최근의 논의에서는 대체로 하디의 의식과 무의식 사이의 분열, 모순적이고 양면적인 여성관, 그리고 일관성의 결여가 지적

된다. 제넷(Genette)은 『서술 담론: 방법론 연구』(*Narrative Discourse: An Essay in Method*, 1980)에서 하디 내지는 서술자가 진보적인 목소리를 내는가 하면 다른 한편으로는 여성을 대상화하는 보수적인 시각을 취한다고 본다.

하디 소설에서 서로 대립되는 목소리들의 충돌을 찾아내며 이를 여성론적 관점에서 분석한 평자는 부멜라이다. 부멜라가 보기에 서술적 권위가 단편화되는 하디 소설에서는 상충하는 목소리들이 갈등하는데 이를 통해 계급과 성의 기존질서가 약화된다. 로즈마리 모간(Rosemarie Morgan, 1988)은 계급과 성에 대해 진보적인 서술자와 그와 상충되는 관점을 지닌 서술자 사이에 갈등이 있지만 주가 되는 것은 전자라고 주장한다. 하디 소설에서 서술자를 중심으로 계급과 성이 상호 연관되는 방식을 더욱 설득력 있게 분석한 평자는 패트리샤 잉검(Patricia Ingham)이다. 잉검은 서술자의 목소리와 플롯 사이에 존재하는 틈 때문에 표면적인 서술이 전복된다는 사실과 서술자의 여러 목소리 사이의 갈등을 지적한다. 『토마스 하디』(*Thomas Hardy*, 1990)에서 바흐찐(Bakhtin)의 언어관과 소설관을 기반으로 하여 성(gender) 문제를 분석한 잉검에 따르면 하디 소설에는 가부장제를 전유하는 서술자의 목소리가 있지만, 이 목소리는 여성 인물들 앞에서 흔들리게 된다(99). 잉검이 보기에 하디의 여주인공들의 행위와 말은 통념적인 여성관을 수용하고 있는 서술자의 권위에 도전하는데 그럼으로써 '대안담론'이 생겨난다(99).

하디 소설에 나타나는 화합할 수 없는 요소들의 갈등에서 급진적 사고와 함께 불안을 찾아내는 이글턴의 비평은 해체주의 비평으로 이어지는 경향을 보이는데 그 대표적인 경우가 피터 위도우슨(Peter Widdowson)이다. 위도우슨은 『토마스 하디에 대한 새로운 관점』(*New Perspectives on Thomas Hardy*, 1994)에서 갈등하는 요소들이 공존하는 하디의 소설은 궁극적으로는 이념과 질서의 파괴와 혼돈만을 보여준다고 주장한다. 그러한 해석에 따르면 하디는 절대적 가치나 의미에 대해 믿음을 상실한 상대주의자이다. 마저리 가슨(Marjorie Garson)은 『하디의 온전성의 우화: 여성, 몸, 텍스트』(*Hardy's Fables of Integrity: Woman, Body, Text*, 1991)에서 계층을 둘러싼 하디의 불안감이 남성성과 여성성 및 여성의 육체를 향한 불안감으로 이어지고 파편성을 낳아 소설을 불안정하게 만든다고 주장한다.

해체 비평을 포함한 현대 하디 비평은 사실적 재현의 허구성을 부각하고 작품과 작가를 해체하여 텍스트로 읽는다. 이들은 노동계급 출신이라는 면보다는 중산계층으로 진입한 하디가 계급적으로 확정된 위치에 있지 못했음에 주목하고 이 사실이 텍스트에서 '괴리'를 낳았다고 해석한다. 가령 1988년 존 구드(John Goode)는『토마스 하디: 거북한 진실』(*Thomas Hardy: The Offensive Truth*)에서 노동계급 출신의 하디가 지배담론에 의해 굴절되는 양상에 초점을 맞추어 하디 텍스트에 있어서의 괴리를 읽어낸다.

현대 하디 비평가들은 대체적으로 사실주의 비평에서 하디의 결함으로 지적된바 다양성이나 다중적인 목소리의 혼합을 포스트모던적인 면을 앞서간 선진적인 면으로 여기며 높이 평가한다. 가령 장 자크 러서클(Jean-Jaeques Lecercle)은「『더비빌가의 테스』의 스타일상의 폭력성」(The Violence of Style in *Tess of d'Urbervilles*)에서 하디가 일부러 다성적인 접근을 선택했다고 주장한다. 위도우슨은 하디가 폭력적일 만큼 불안정한 문체로 서로 갈등, 모순되는 여러 언어들을 구사한다고 지적한다.『무명의 주드』를 비극이기보다는 풍자로 보는 위도우슨 비평의 영향은 아론 마츠(Aaron Matz)가 2006년에 발표한「종국적 풍자와『무명의 주드』」(Terminal Satire and *Jude the Obscure*)에서도 발견된다. 마츠가 보기에 하디는 주드에게 닥친 얄궂은 불행을 우주 만물과 인간사의 상황이 가하는 조롱이자 풍자로 간주했다. 마츠에 따르면『무명의 주드』는 비극, 희극, 소극이 교차해서 "혼성 형태"(hybrid form)를 만들어 내는 교차로이다.

THOMAS HARDY

Jude the Obscure

II. 작품의 플롯과 해설

II. 작품의 플롯과 해설

Jude the Obscure

전체 작품 개요

가난한 고아인 주드는 메리그린(Marygreen)에서 빵 굽는 일을 하는 대고모 집에서 얹혀살면서 새 쫓는 일로 밥벌이를 하는 등 비참하게 살아가지만, 스승인 필롯슨(Phillotson)이 성직자가 되려는 꿈을 안고 떠난 대학도시 크라이스트민스터를 동경하며 독학으로 라틴어와 그리스어를 익힌다. 견습 석공으로 건축 일을 배우기 시작할 무렵 길가에서 그를 향해 돼지 생식기를 던진 양돈업자의 딸 아라벨라(Arabella)를 만나 관능적인 그녀에게 유혹되어 육체관계를 맺는다. 임신했다는 아라벨라에게 속아 주드는 대학교육에의 꿈을 접고 그녀와 결혼하지만 본질적으로 서로 어울리지 않은 두 사람의 결혼 생활은 얼마 되지 않아 파국을 맞는다. 주드는 위로받으려고 대고모를 찾아갔다가 자기 집안의 불행한 결혼 내력을 듣게 된다. 돌아오던 길에 그는 물에 빠져 죽으려고 얼어있는 연못으로 걸어 들어가지만 실패한다. 아라벨라가 편지 한 통만 남긴 채 주드를 떠나자 자유로워진 주드는 꿈에 그리던 크라이스트민스터로 향한다.

석공으로 일하던 주드는 그곳에서 사촌인 수 브라이드헤드(Sue Bridehead)를 만나 애정을 느끼지만 기혼자라는 처지 때문에 사랑을 고백하지 못한다. 마침 그때 크라이스트민스터를 떠나려 하는 수를 주드는, 학자가 되려는 꿈을 이루지 못하고 초급학교 선생으로 있는 필롯슨의 보조교사로 일할 수 있게 주선한다. 대학 진학을 위해 노력하던 주드는 대학 당국으로부터 입학 허가를 거절하는 편지를 받고 자신이 하층계층인 석공에 불과하다는 엄연한 현실 앞에 크게 낙담한다. 대고모 집에서 만난 젊은 목사는 주드에게 면허설교사가 되도록 권유한다.

멜체스터(Melchester) 교원양성학교에 와 있다는 수의 편지를 받고 찾아간 주드는 그녀에게서 필롯슨과 결혼하기로 했다는 말을 듣고 충격을 받는다. 그는 교회를 개축하는 일로 생계를 꾸리면서 신학 공부에 열중한다. 어느 날 두 사람은 야외로 나갔다가 기차를 놓치는 바람에 양치기 오두막집에서 하룻밤을 묵게 되는데 이 사건으로 수는 학교 당국으로부터 독방에 감금되는 벌을 받는다. 도망쳐 나와 주드를 찾아온 수는 주드와 외박을 한 이상 그와 결혼해야만 학교로 돌아올 수 있다는 통보를 받는다. 이 상황에서 기혼자라는 주드의 고백을 듣게 된 수는 크게 상심한데다 질투심이 일어 필롯슨과 결혼해버린다. 일자리 제안을 받고 크라이스트민스터에 들른 주드는 우연히 술집에서 여급으로 일하고 있는 아라벨라를 만나 부부로서 하룻밤을 보내는데 그녀가 호주에서 결혼했다는 사실을 알고는 그날 밤의 일을 크게 후회한다. 아라벨라는 새남편을 돕기 위해 런던으로 간다는 편지를 남기고 떠난다.

대고모의 장례식 때 수의 결혼 생활이 불행함을 확인한 주드는 수에 대한 본능적 열정을 있는 그대로 인정하고 죄인으로 살아가기로 결심한다. 성직자가 되기를 꿈꾸며 이제까지 영위해온 체면 존중의 생활을 그만두기로 한 그는 신학 책을 불태워버리고 성직 준비를 포기하는 결단을 내린다. 한편 수는 남편 필롯슨의 접근을 피하기 위해 찬장에 숨고 창문에서 뛰어내리는 행동을 한다. 필롯슨은 결국 아내 수가 주드와 함께 살 수 있도록 자유를 준다. 올드브릭함(Oldbrickham)에서 함께 살게 되었을 때 수는 주드에게 육체관계를 허락하지 않는다. 각자 필롯슨과 아라벨라로부터 이혼한 후라서 두 사람은 합법적으로 결혼할 여건을 갖추게 되었음에도 수는 법적인 결혼에 묶이는 것을 거부한다. 그렇지만 수는 아라벨라가 다시 나타나자 주드를 빼앗길까 두려워 육체를 허용한다. 수는 아라벨라가 주드의 아들이라면서 보낸 파더 타임(Father Time)에게 동정심을 느끼고 그를 위해서라도 주드와 정식으로 결혼을 해야겠다고 생각하지만 결혼에 대한 혐오감을 이기지 못해 끝내 결혼식을 올리지 못한다.

합법적으로 결혼하지 않은 채 동거하고 있다는 사실이 밝혀지자 주변의 냉혹한 시선이 쏟아지고 그 여파로 교회에서 십계명을 새기는 일을 하던 주드는 불경한 사람들이 성스러운 일을 할 수 없다는 교구 주민들의 거센 반발로 쫓겨난다. 그들은 다른 곳으로 일자리를 찾아 떠나기 위해 가재도구를 경매에 붙여야 할 상황에 봉착한다. 수는 도살꾼에게 팔린 자신의 비둘기를 새장에서 풀어준 후 파더 타임에게 자연의 법칙이란 상호 학살이라고 말한다. 그 후 주드는 이곳저곳을 전전하며 떠돌이 노동자의 삶을 살게 된다. 3년 후 해산을 앞두고 주드가 구운 빵을 팔던 수는 과부가 되어 있는 아라벨라를 만난다. 아라벨라는 다시 주드를 차지하고 싶은 마음에 필롯슨에게 남편에게는 아내를 복종시킬 권리가 있다면서 수를 되찾도록 부추긴다. 병고에 시달리는 주드의 희망에 따라 크라이스트민스터에 돌아온 주드와 수는 거처 마련에 어려움을 겪게 된다. 어렵게 얻은 숙소에서조차도 합법적으로 결혼한 사이가 아니라는 사실이 밝혀지자 주드 가족은 쫓겨날 상황에 처한다. 절망감에 빠진 수는 파더 타임에게 삶이란 고통이자 역경이며 아이의 출생은 부모의 희망과는 전혀 무관한 자연법칙에 따른 것이라는 말을 내뱉는다. 이 말을 들은 파더 타임은 주드와 수 사이에서 태어난 아이들을 목매달아 죽인 후 스스로 목숨을 끊는다. 극도로 비통한 상태에 빠져 신경과민 증세까지 보이던 수는 아이를 사산한다.

수는 신이 합법적인 남편을 저버린 자신에게 징벌을 내렸다면서 회개하기 위해 필롯슨에게 돌아간다. 수가 다시 정식으로 필롯슨과 결혼했다는 소식을 듣고 절망감에 사로잡힌 주드는 아라벨라의 부추김 속에 술에 절어 지내다가 취중에 그녀와 다시 결혼하겠다는 약속을 한다. 결혼 후에도 수를 잊지 못한 주드는 쏟아지는 폭우 속에 그녀를 찾아 나선다. 주드에게 수는 남편과 잠자리를 함께 하지 않고 있다는 사실을 인정하지만 그에게 돌아갈 수는 없다고 말한다. 매정하게 주드를 떠나보낸 수는 에들린 부인(Mrs. Edlin)에게 아직도 주드를 사랑하고 있음을 고백하며 그를 향한 육체적 욕망을 억누르기 위해 그날 밤 필롯슨에게 성 관계를 허용한다. 이 사실을 전해들은 주드는 아라벨라가 돌팔이 의사인 빌버트(Vilbert)를 새 남편으로 점찍고 축제를 구경하러 나간 사이에 욥기의 구절들을 처절하게 읊으며 쓸쓸히 죽음을 맞는다.

Jude the Obscure

작품 내용 요약과 해설

제1부 메리그린에서. 1장-5장

줄거리

작고 오래된 마을 메리그린에 살고 있는 11세 소년 주드는 필롯슨 선생이 크라이스트민스터로 떠나게 되자 섭섭해 한다. 필롯슨은 주드에게 동물이나 새에게 친절하게 대하고 책을 많이 읽으라는 충고를 한다. 주드는 학문을 향한 열정을 느끼는 한편 지금 살고 있는 따분한 마을에 대한 혐오감에 휩싸인다.

주드는 빵 굽는 일을 하는 대고모가 이웃 사람들에게 그를 아무도 원치 않은 쓸모없는 불쌍한 고아라고 묘사하고 사촌인 수도 그와 마찬가지로 책 읽기를 좋아한다고 말하는 것을 듣는다. 트라우삼(Troutham) 농부에게서 해고당한 주드에게 화가 난 대고모는 왜 필롯슨 선생을 따라 크라이스트민스터로 가버리지 않았느냐며 구박을 한다. 이를 계기로 주드는 오래된 갈색 집(Brown House) 헛간 지붕 위에 사다리를 타고 올라 멀리 보이는 크라이스트민스터를 바라보며 그곳에 대한 동경을 키우기 시작한다. 주드는 분지 위로 올라가 안개에 가려져 있는 크라이스트민스터 쪽을 보며 그

갈색 집. 원래의 지명은 '붉은 집'(Red House)이였다.

곳을 볼 수 있게 해달라고 기도한다. 그때 기적처럼 안개가 걷혀 그곳을 볼 수 있게 된다. 이후 크라이스트민스터는 주드에게 천상의 도시로 이상화된다.

주드는 크라이스트민스터를 "빛의 도시"며 "지식의 나무"가 자라는 곳, "학문과 종교로 무장한 성"으로 보면서 자신과 아주 잘 어울릴 그곳에 가기로 마음먹는다.

돌팔이 약장수인 빌버트로부터 라틴어와 그리스어 책을 구하려다 사기만 당한 주드는 필롯슨을 통해 헌책을 얻게 된다. 그렇지만 라틴어 문법책에서 아무런 '변환 법칙'을 발견하지 못한 주드는 단어를 모두 외워야 하는 등 라틴어가 아주 복잡하고 어렵다는 사실에 크게 낙심한다.

그리스어와 라틴어를 3, 4년 동안 열심히 공부한 주드는 어느 날 박식한 늙은 여인을 만나서 크라이스트민스터에 대한 얘기를 듣고 그곳에 꼭 가겠다는 결심을 새로이 한다. 16세쯤 되었을 때 주드는 처음 크라이스트민스터를 보았던 갈색 집 근처에서 무릎을 꿇고 달의 여신을 향해 진심에서 우러난 기도를 드리고 다신교적 환상에 빠져 시구를 반복해서 읊는다. 그날 밤 그는 자신의 행위가 기독교적 경건함에서 벗어난 사실에 괴로워하면서 이교적인 신앙에 물들게 하는 이단의 서적 대신 성경을 읽겠다고 결심한다.

해설

나이에 비해 '인생의 시련'을 일찍 알게 되어 무표정하고 굳은 얼굴을 하게 된 11세의 주드는 필롯슨이 크라이스트민스터로 떠나게 되자 눈물을 보이는 정이 많고 마음이 여리며 내성적이고 소심한 성격의 소유자이다. 크라이스트민스터로 향하는 필롯슨은 대학 학위를 받아 성식자가 되고 싶다고 말하는데 이를 계기로 주드는 크라이스트민스터에 대한 꿈을 키운다. 이로써 크라이스트민스터로 대표되는 대학 교육과 학문, 그리고 종교의 주제가 도입된다.

주드가 살고 있는 작은 마을 메리그린에도 현대화의 물결이 찾아들고 있다. 볼품없는 교회 대신에 새로운 고딕 양식의 현대식 교회 건물이 들어서고 과거를 연상시키는 것은 우물밖에 없을 만큼 그곳은 점차 현대적으로 변화하고 있다. 이러한 환경에서 주드 또한 변화를 동경하는 모습을 보여준다.

주드는 안개에 뒤덮인 단조롭고 적막한 풍경의 밀밭과 들판이 "볼품없고"(13) 지겨운 곳이라고 생각한다. 그 다음 이어지는 단락에서는 활력과 정감이 넘쳤던 과거와, 조야한 공리주의적 인상이 배어나는 현재가 대비된다. 과거완료형과 현재형의 동사가 사용되어 대조 효과가 두드러진다. 주드가 돈을 벌기 위해 새를 쫓는 일을 하는 트라우삼의 밀밭은 예전에는 젊은이들의 애틋한 사랑 이야기와 노동의 활기 및 환희가 서려 있는 곳이었다. 하지만 이제 그 모든 일은 과거의 추억으로 묘사될 뿐 밀밭의 곧은 서레줄에는 지나간 날들의 모든 역사를 말살해 버리는 "천박한 공리주의적 외관"(13)만이 남아 있다. 이제 그곳은 주드에게는 돈을 받고 일하는 외로운 작업장에 불과하며 까마귀에게는 먹기 좋은 곳간일 뿐이다.

새 쫓는 일을 하던 주드는 곡식을 먹으러 날아드는 새들이 그와 마찬가지로 원치 않은 세상에서 사는 불쌍한 신세라는 생각이 들어 곡식을 먹도록 내버려 두었다가 농장주에게 들켜 매를 맞고 쫓겨난다. 새에 대한 동정심에서 한 행위 때문에 주드가 매질을 당한다는 사실은 섬세한 감성과 착한 심성이 세상에서 살아남기 위해서는 방해가 된다는 점을 시사한다.

"자신을 둘러싸고서 무엇인가가 번쩍거리고 덜컹거리며, 소음과 빛이 인생이라 불러야 할 작은 세포를 때리고 흔들고 뒤튼다”(17)는 대목은 외부의 힘이 주드를 찌그러뜨리는 이미지를 나타내는 것으로 주드의 인생에 대한 두려움과 공포를 나타낸다. 수의 부모도 이혼했다면서 폴리 가문은 결혼하지 말아야 한다는 대고모 드루실라(Drusilla)의 말은 앞으로 주드와 수를 둘러싼 결혼 문제에 관한 불길한 전조가 된다.

안개가 걷히고 햇빛이 비치면서 크라이스트민스터는 토파즈처럼 점점이 빛나는 모습으로 첫 등장한다. 주드가 경이롭게 그곳을 보게 된 순간부터 크라이스트민스터는 메리그린이라는 황량한 현실과 극명하게 대조되는 장소로 지나칠 만큼 극단적으로 이상화된다. 그곳은 고달픈 나날의 삶을 지탱해주는 천상의 도시 예루살렘과 같은 이상향이 된다. 주드는 이따금 희미하게 연기가 피어오르는 광경을 구경했는데 이는 분향의 신비를 연상시켰다고 묘사된다. 낭만적인 토운은 주드가 크라이스트민스터를 환상 속의 비전으로 보고 있음을 함축한다.

그렇지만 이상화로 인한 환상적인 분위기는 실제 현실 속의 인물이 등장함으로써 깨뜨려진다. 석탄을 나르는 짐수레꾼들에 의해 깨우쳐지는 현실에 의해 크라이스트민스터의 이상화된 매력은 주드의 상상 속에서만 존재하는 허상이라는 사실이 시사된다.

주드가 현실에서 벗어나 뭔가 새로운 것에 대해 큰 희망을 품었지만 기대가 무참히 꺾이는 현실 앞에서 절망한다는 내용을 담고 있는 4장의 비관적 분위기는 환상으로 가득 찬 앞 장과 대조된다. 이 장에서 서술자는 관찰자적인 시점에서 서술한다. 그렇지만 다른 한편으로는 필롯슨으로부터 책을 받은 주드가 즐거워하다가 책을 펼쳐 보고 나서 절망하는 심경의 변화를 직접적으로 전해줌으로써 독자들의 이해를 돕는다. 주드는 순진하고 열정적인 이상주의자이지만 다른 한편으로는 쉽게 절망감에 빠져버리는 연약한 인물임이 드러난다.

5장에서는 주드가 광명과 학문의 도시 크라이스트민스터로 가겠다는 결심 하에 빵을 배달하는 마차 안에서 순경의 눈을 피하면서 그리스어와 라틴어를 열심히 터득해가는 6, 7년의 기간이 요약적으로 설명된다. 장면이 하나 나오기는 하지만 이 또한 극적으로 제시되는 대신 서술되었다. 관찰자적 관점으로 서술하기 때문에 "may have had", "would have made", "should have happened" 등의 가정법 구절이 많이 사용되었다.

주해와 중요어구

<1장>

- 'The letter killeth': 고린도전서 3장 6절. (9)
- historic disciples: 예수가 십자가에 못 박힐 때 "그의 모든 친지들은 멀리 떨어져서 이를 바라보고 있었다." 누가복음 23장 49절. (10)
- Miss Fawley: 케임브리지 핏츠윌리엄 박물관(Fitzwilliams Museum)에 소장된 초고에 따르면 하디는 주드의 성 때문에 고민을 많이 했던 것으로 보인다. 하디는 주드의 성으로 고려했던 것은 Head, Stancombe, Hopeson, England가 있었다고 한다.
- harlican - harlequin. rascal. 어린 소년, 녀석. 초고본에는 장난꾸러기(scamp)로 되어 있다. 1904년에 쓴 편지에서 하디는 이 단어의 의미를 "wild-looking urchin, object, scarecrow"라고 설명했다. (11)

<2장>

- ye med: you might. (12)
- un: him.
- deedy: serious. (방언) (16)
- dogs of my flock: 양떼 지키는 개. 욥기 30장 1절.
- or'nary: insignificant, inferior, mediocre. (방언)
- sprawl: energy, go. (방언)

<3장>

- Herne the Hunter: 중세의 전설에 따르면 유령 같은 사냥꾼이 윈저 대공원을 드나들었다고 한다. (19)
- Apollyon: 번연(Bunyan)의 『천로역정』(*Pilgrim's Progress*)에 등장하는 괴물.
- bewitched ship: 독일의 낭만주의 작가인 빌헬름 호프(Wilhelm Hauff, 1802-1827)의 이야기에 나옴.
- the new Jerusalem: 요한계시록 3장 12절. (20)
- Nebuchadnezzar's furnace: "나는 네 사람이 풀려나 불 가운데 걷고 있는 모습을 보았는데 그들은 아무런 상처도 없었고 고통스러워하지도 않았다" 다니엘서 3장 25절.
- 'tis oonly what has come in my way: 이것은 단지 내가 들은 얘기이다. (22)

<4장>

- He was, in fact, a survival. 사실 그는 시대의 유물이었다. 여기에서 survival은 생존자라기보다는 잔존물, 다시 말해 필요 없는 인물이라는 부정적인 의미를 지닌다. (23)
- lard: 라드(돼지비계를 정제한 기름). 돼지기름.
- guinea: 영국의 옛 금화로 21실링에 해당한다.
- dog Latin: bad Latin. cat-Latin은 빌버트가 만들어낸 단어로 보인다. (24)
- Grimm's Law: 독일의 언어학자이며 민속학자인 야콥 그림(Jacob Grimm, 1785-1863)이 주창한, 유사 언어 사이의 자음 변화에 관한 법칙.

<5장>

- Delphin editions: 1670년경에 프랑스에서 출판된 라틴어 고전 시리즈. (28)
- Dido: 카르타고의 여왕. 아에네아스(Aeneas)에게 버림을 받은 후 자살하였다. 버질의 『에이네이드』(*Aeneid 4*)의 이야기이다.
- Carmen Saeculare: 기원전 17세기에 호레이스(Horace)가 라틴어로 쓴 시. (29)
- 'Phoebe silvarumque potens Diana!': 태양신과 숲 속에서 반짝이는 달의

신. 카멘 사에큐라(Carmen Saeculare)의 첫 구절이다.

- Clarke's Homer; 1818년에 사무엘 글라크가 편찬한 『호머』(*Homer*). 하디 스스로 복사한 이 책은 지금도 현존하고 있다. (30)
- Ionic: 고대 그리스어 방언 중에서 가장 중요한 것이다.
- Griesbach's text: 20세가 되기 전에 하디는 그리스어 원어로 신약성서를 공부했었다. 『전기』(*Life*)에 따르면 하디는 독일의 신학자인 그리스바흐(Griesbach)가 1775년에 출판한 신약성서 책이 가장 정확한 것임을 알게 되었다고 한다.
- the Fathers: A.D. 5세기의 초기 교부들.

제1부 메리그린에서. 6장-11장

줄거리

알프레드스턴(Alfredston)에서 일을 마치고 메리그린으로 돌아오던 주드는 거세한 돼지의 특정부위를 던진 아라벨라를 만나 데이트 약속을 아라벨라는 주드로 하여금 함께 산책하자는 제안을 하도록 유도한다.

"울타리 저편 개울가에 세 여자가 웅크리고 앉아 있었다."

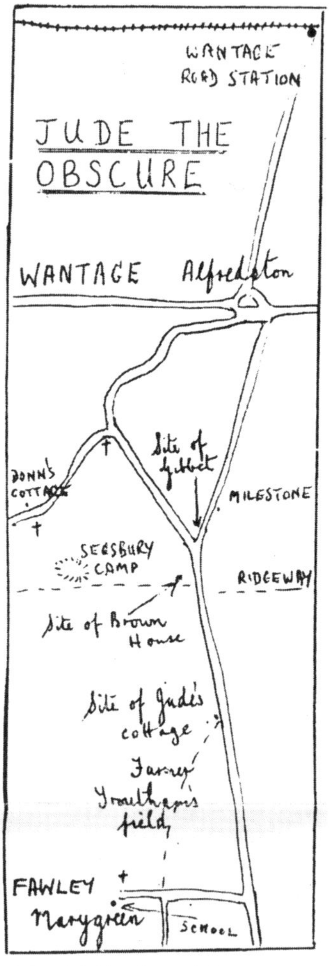

메리그린과 알프레드스턴의 지도

늦은 밤까지 아라벨라와 데이트를 즐기다가 그녀의 교묘한 부추김으로 키스까지 한 후 집으로 돌아온 주드는, 이제까지의 삶이 헛되었으며 대학 졸업생이나 목사가 되는 것보다 그녀를 사랑하는 것이 더 낫겠다는 생각을 하게 된다.

주드와 결혼하기로 작정한 아라벨라는 그가 곧 크라이스트민스터로 떠날 거라는 소문을 듣자 초조해져서 그를 집으로 끌어들인다. 자신의 가슴 속에 알을 품고 있는 모습을 보여주며 그를 성적으로 안달하게 만든 그녀는 주드를 결국 침실로 이끄는데 성공한다.

주드는 자신의 꿈을 이루기 위해 아라벨라와 헤어지기로 마음먹지만 아라벨라는 임신했다면서 그의 명예를 들먹이며 인습에 의거한 압박을 가한다. 책임감을 느낀 주드는 그녀와 결혼하지만 결혼 후 밝혀지는 그녀의 가식적이고 순진하지 못한 면 즉 가발을 사용하고 있고 이전에 술집 종업원 일을 했다는 사실에 크게 실망한다.

돼지를 죽인 후 살인자가 된 듯한 씁쓸함에 주드는 밖으로 나간다. 그는 우연히 아라벨라의 친구가 다른 사람에게 쑥덕거리는 소리를 통해 자신이 아라벨라와 결혼했던 가장 큰 이유였던 임신에 대해 아라벨라가 일부러 거짓말을 했을 수도 있다는 생각을 하게 된다.

책을 던져 버리는 아라벨라의 행위에 화가 난 주드가 그녀의 팔을 잡다가 가발이 풀어지게 된다. 그녀는 큰 길로 나가 일부러 옷매무새를 흐트리고는 일요일 교회에 가는 행인들을 붙잡고 주드가 폭력을 가한 것처럼 떠벌린다. 이 모습을 보고 그들의 결혼 생활이 파경에 이르렀음을 깨달은 주드는 대고모를 찾아가 과거에 자기 어머니가 아버지로부터 버림받은 후 자살했었다는 얘기를 듣는다. 주드는 얼음판 위에서 자살을 시도하지만 실패하자 술에 취하기로 작정한다. 아라벨라에게서 호주로 이민을 가기로 했다는 편지를 받은 주드는 또다시 크라이스트민스터에 대한 꿈을 키운다.

"날 어떻게 대했는지 보세요!" 그녀가 외쳤다.

해설

주드가 이제까지 자신이 이룬 학문적 성취에 만족해하며 크라이스트민스터에서 학문을 하여 신학박사가 되겠다는 거대한 꿈에 젖어서 앞으로 읽을 고전을 생각하는 부분과, 그때 때마침 시냇가에서 일하던 천박한 시골 여자들이 자신들끼리 얘기를 나누다가 “잘났어”라고 말하며 요란하게 웃는 부분이 병치된다. 이는 현실 세계가 이상의 세계를 비웃는 것을 상징한다. 거창한 꿈에 젖어 있던 주드는 아라벨라가 던진 돼지의 특수부위 때문에 현실로 되돌아오게 된다.

아라벨라에게 매혹된 주드는 일순간 세속적이고 천박한 그녀의 정체를 알아차리는 분별력을 갖기도 하지만 이내 그것을 잃어버린 채 새롭게 알게 된 성적 끌림의 충동과 육체적 쾌락에 몸을 내맡겨 버린다. 이 상황은 램프 불빛을 통해 벽에 쓰인 글을 잠시 볼 수 있지만 불이 꺼지면서 그 글이 어둠 속에 묻혀버리는 모습으로 비유된다.

아라벨라로 인해 성적 본능이 일깨워진 주드는 운명적으로 그녀에게 이끌린다. 아라벨라와의 약속을 무시하고 원래 계획대로 그리스어 신약 성서를 읽을까 고민하는 주드의 내적 갈등은, 인물의 내면 생각이나 독백을 3인칭 화법으로 전달하는 서술기법인 자유간접화법의 사용으로 생생하게 전달된다. 주드가 성적 열정의 손아귀 속에 붙잡혀 있는 상황은 “엄청난 근육질의 힘을 가진 강압적인 팔이 그를 신체적으로 사로잡았다”(37)고 서술된다. 아라벨라와의 만남을 잠시 동안의 즐거움이라는 식으로 가볍게 생각했던 주드는 그녀의 부모와 이웃 사람들이 그들의 관계를 구애로 몰고 가고 그 구애라는 말이 장사꾼의 거래처럼 들려 기분이 상하지만 그녀에게 끌리는 마음을 억누르지는 못한다.

하디는 주드가 처하게 되는 위험을 강조하기 위해 상징을 사용한다. 가령 주드와 아라벨라가 화재가 난 장소로 가보니 그곳이 폐허가 되어 있었다는 대목은 두 사람의 불길한 미래를 암시한다. 불은 주드가 아라벨라에게 일순간 충동적으로 말려들고 그로 인해 결국 재앙을 맞으리라는 경고이다. 두 사람이 들른 술집 벽에 걸린 삼손과 데릴라의 그림 또한 데릴라가 삼손을 배반하는 내용을 상기시키며 여자에게 유혹당해 파멸에 이르는 남자 주드의 비극적 앞날을 불길하게 전조한다.

주드가 아라벨라에게 이끌릴 때 서술자는 이를 주드의 관점에서 보여주지 않을 뿐 아니라 그의 내면 심리를 드러내지도 않는다. 대신 아라벨라의 관점에서 서술하는 가운데 주드의 행동과 말만을 전달하고, 아라벨라에게 매혹되어 분별력을 잃는 주드의 모습을 전지적 작가 시점으로 분석한다. 하디는 주드가 아라벨라와의 천박한 관계에 어쩔 수 없이 빠져드는 모습을 보여주면서 독자로 하여금 그를 동정하게 한다. 경험이 없는 주드가 아라벨라와의 천박한 관계를 이상화하는 모습 또한 공감해주도록 유도한다. "폭력적인 교사가 학생의 목을 움켜잡은 듯 그 팔은 그가 존경하지 않은 여자의 가슴으로"(37) 주드를 밀고 갔다는 묘사가 그 하나의 예이다.

여자의 유혹에 대해 경험이 없는 순진한 주드와 남자를 유혹하고 조롱하며 조종하는데 능숙한 아라벨라의 되바라진 모습이 여러 차례 대조된다. 주드와는 달리 아라벨라는 본능이나 열정이 어떻게 작용하는지를 정확하게 이해한다. 주드를 달래듯 유혹하고 그가 그녀에게 접근해오는 진도가 느린 것을 불만스러워 하는 아라벨라의 대담하고 순진하지 못한 모습과, 손 한번 잡는 데에도 주저하면서 속도가 너무 빠르지는 않나 우려하는 주드의 순진하고 소심한 성격이 대조된다. 자신의 구애 속도가 너무 느린 것에 아라벨라가 화가 났음을 알아차리지 못한 채 그가 너무 함부로 굴어서 그녀가 화났다고 생각하는 대목은 아이러니하다. 다음날 아침 어둠 속에서의 애정행각을 떠올리며 감상에 젖는 순진한 주드와는 달리, 아라벨라는 그녀의 친구들에게 그저 키스한 사실에 대해서만 자랑스레 떠벌린다. 이 두 모습이 병치되면서 두 사람의 인물됨과 서로를 대하는 태도가 대조된다.

아라벨라와 함께 고지대의 꼭대기에 올라갔을 때 예전에 크라이스트민스터를 보려는 열망으로 올라갔던 장소인 갈색 집까지 갔지만 주드는 그 사실을 잊고 이제 크라이스트민스터를 볼 수 있었음에도 불구하고 그곳에는 관심도 갖지 않고 아라벨라와의 육체적 접촉에만 신경을 곤두세운다. 이 모습에서 크라이스트민스터에 열망을 품은 주드의 노력이 아라벨라로 인해 무너지고 있음을 알 수 있다. 아라벨라가 적극적인 신체접촉을 유도함에도 불구하고 그 사실을 알아채지 못하던 순진한 주드는 결국 본격적으로 유혹해오는 아라벨라에게 걸려들고 만다.

실제로 임신한 것이 아니었다는 사실을 대수롭지 않게 말하는 아라벨라 앞에서 주드는, 순전히 본능적이고 일시적인 연약함 때문에 휘말려든 결혼을 더 이상 되돌릴 수 없다는 현실에 당혹해 하며 결혼제도라는 관행에 문제가 있음을 깨닫는다. 모든 비난을 사회적 관행에만 돌리고 있는 이 부분의 서술은 주드와 작가의 목소리가 뒤섞인 것으로 보이지만 사실은 주드의 목소리이다. 이로써 주드 자신에게도 책임이 있다는 사실이 함축적으로 시사된다.

아라벨라가 별로 가치가 없는 여성임을 알게 되었지만 그 자신이 했던 말과 행동의 결과에 책임지기 위해 결혼했던 순진한 주드와, 그를 붙잡기 위해 임신했다고 당돌하게 거짓말을 하고 그 거짓말이 발각되었을 때도 아무런 죄책감을 느끼지 않은 아라벨라의 도덕적 불감성이 대조된다.

주드와 아라벨라의 성격 차이와 거기에서 비롯된 상호 혐오감은 10장에서 절정에 이른다. 직접 돼지를 죽여야 할 처지에 처한 주드는 돼지고기를 비싼 값에 팔려면 천천히 피를 빼서 육질상태를 좋게 해야 한다는 아라벨라의 채근에도 불구하고 돼지의 고통을 감해주기 위해 한 번에 찔러서 죽인다. 화가 난 아라벨라는 그의 연약한 면을 조롱한다. 눈 위에 뿌려진 돼지의 붉은 색 피는 흰색의 눈과 선명한 대조를 이루면서 현실과 이상 사이의 괴리 및 순수함이 격렬하게 붕괴되는 상황을 상징한다.

주드와 아라벨라의 극명한 성격차이를 대조적으로 그리는 가운데 서술자는 어느 한쪽에 치우지지 않는 중립적인 태도를 보인다. 가령 아라벨라가 잔인하다거나 인정이 없다고 일방적으로 비난하지 않고 그녀의 입을 통해 생계수단으로 돼지를 죽여야만 하는 가난한 사람들의 입장을 전해준다. 그 결과 독자는 돼지를 도살하는 일이 생계를 위해 필요함을 인정하게 된다. 아라벨라는 경제적인 면에서는 주드보다 훨씬 더 현실적인 인물로 그려진다. 다른 한편 서술자는 죽어가는 돼지가 자신을 먹여 키워준 아라벨라에게 배신당했다는 시선을 보내는 장면을 첨가하여 주드의 여린 마음에 동정이 가도록 해준다.

어머니의 자살로 귀결된 부모의 불행했던 결혼 생활에 대한 얘기를 듣고 주드는 언 연못에서 자살을 시도하는데 이러한 감상적인 행동은 그의 나약함을 다시 한 번 드러낸다. 다른 한편 주드는 아라벨라가 자신을 속여 결혼했다는 사실을 눈치 채지만 그 사실을 넌지시 암시할 뿐 그녀를 비난하며 몰아붙이지 않을 만큼 품위 있는 모습을 견지한다. 반면 아라벨라는 전혀 뉘우치는 기색이 없이 그런 거짓이 여자의 권리인 것처럼 말하는 뻔뻔함을 보인다. 주드와는 달리 결혼의 불용해성에 대해서는 전혀 관심이 없는 아라벨라의 철저히 실용적인 면이 부각된다.

주드는 아라벨라와의 결혼이 처음부터 잘못된 것이었음을 깨닫고 그동안 자신이 마음속 깊이 열망해 왔던 신학 공부의 꿈을 다시 찾는다. 주드의 내적 갈등과 그 갈등이 해소되는 모습은 그가 바라보는 현실의 모습이 이전과는 달리 보인다는 언급을 통해 시사된다.

주해와 중요어구

<6장>

- 'I have read two books of the Iliad, ...the twenty-third.': 여기 열거한 것들은 하디가 젊은 시절 클라크의 『호머』를 복사한 책에서 그가 가장 좋아하는 구절들을 연필로 표시해놓은 부분과 완전 일치한다. "토마스 하

디 1858"이라는 구절이 새겨진 이 책은 도오셋 군 박물관에 소장되어 있다. W. R. Rutland, *Thomas Hardy* (New York, 1938), 21-2. 참조 (31)

- D. D.: Doctor of Divinity. 신학박사. (32)
- "I'll be her beloved Son, in whom I am well pleased." 이 구절은 마태복음 3장 17절 "그리고 천당에서 소리가 들렸는데 말하기를 이는 내가 아주 만족스러워하는 사랑하는 아들이다"에서 따온 것이다. 예수와 주드 사이의 병치를 암시하는 여러 구절들 중의 하나이다.
- barrow-pig: castrated boar. 거세한 수돼지. 여기에서 "특별한 부분"은 페니스를 지칭한다. (33)
- Cochin hen: 중국에서 들어온 가금류의 일종.
- deedily: energetically, brazenly. 활기에 찬, 힘을 주어.
- in posse: potentially 잠재적으로, 잠재한. (라틴어) (34)
- vestal: virgin or innocent. 숫처녀, 혹은 순결한. (고대 로마 베스타 신전의 여사제를 가리키는 vestal virgins에서 연유했다.) (36)

<7장>

- Η ΚΑΙΝΗ ΔΙΑΘΗΚΗ: 신약성서. (그리스어) (37)
- Mizzle: Hurry up. (방언) (38)
- Samson and Delilah: 데릴라는 삼손이 사랑하던 여자로 삼손을 술에 취하게 한 후, 그의 적들에게 팔아넘긴 여자이다. (39)

<8장>

- doubling: dodge sharply. 빠져나가려고 급각도로 몸을 돌리다. (43)
- zeed: saw. (45)

<9장>

- enough as country notions go: 시골 사람들 생각으로는 충분하다. (49)

<10장>

- score: 20 파운드의 무게, 9킬로그램. (53)

- blackpot: black puddings. 돼지의 피와 밀가루로 만든 시골 음식. (54)
- glane: smile or sneer. (방언) (55)

<11장>

- scallops: (녹여서 라드로 만들 수 없는) 기름의 점액질 부분. (59)
- pig-jobbing: dealing in pigs.

제2부 크라이민스터에서. 1장-4장

줄거리

결혼 생활이 파탄에 이른지 3년 후 주드는 마침내 꿈에 그리던 크라이스트민스터에 간다. 크라이스트민스터에 도착한 첫날 밤 그는 죽은 학자나 철학가들의 유령과 상상 속에서 대화하면서 그 거리를 배회한다.

"학교 문을 두드렸다." 주드는 수를 교생으로 취직시키고자 필롯슨 선생을 찾아간다.

이튿날 아침 전날 밤과는 다른 현실적인 눈으로 이 도시의 모든 것들을 보게 된 주드는 생계를 위하여 육체노동을 할 자리를 구한다. 대고모의 편지로부터 단서를 잡아 사촌인 수를 찾아내지만 석공 일을 하는 자신의 초라한 모습을 드러내기 싫어 그녀에게 아는 척을 하지 않는다.

수와 주드는 순교자들을 처형한 십자가 근처에서 첫 만남을 갖게 된다. 수가 크라이스트민스터를 떠날 계획을 밝히자 주드는 그녀를 곁에 두고 싶은 마음에 필롯슨의 보조교사로 일할 수 있도록 주선해준다.

해설

주드가 크라이스트민스터에 오게 된 궁극적인 계기는 대고모 집에서 사촌인 수의 사진을 보고 그녀를 만나고 싶은 충동에서 였다. 그 사진에서 수는 마치 후광 빛줄기처럼 보이는 챙이 달린 모자를 쓰고 있다. 이는 주드가 크라이스트민스터를 후광 속에서 빛나는 빛의 도시로 생각했던 대목을 연상시킨다. 그는 크라이스트민스터를 이상화했듯이 수도 이상화한 것이다.

유령으로 가득찬 1장은 크라이스트민스터의 비사실적인 면을 강조한다. 주드가 크라이스트민스터를 처음 접하게 된 때가 밤으로 설정된 것도 주드의 꿈과 이상의 상징인 크라이스트민스터가 언제나 안개에 싸여 있는 도시로 그 뚜렷한 실체를 드러내지 않는다는 사실을 효과적으로 전달한다. 불필요할 만큼 모호한 인유와 난해한 인용으로 가득찬 1장의 문체는 생명력이 없이 무겁고 답답한 감이 있다.

크라이스트민스터에 대한 이상화가 환상에 불과한 것임을 주드 또한 일순간 깨달았음을 시사하는 부분이 군데군데 나타난다. 가령 크라이스트민스터의 모습은 죽은 자들의 혼령만이 배회하는 장소이자 현대적 사고가 깃들일 수 있을지 의심스러운 구태의연한 장소로 보인다. 또한 완벽하고 이상적으로 보이던 밤의 모습과는 달리 아침에 본 크라이스트민스터는 야만적인 기운이 감도는 결점투성이에 불과해 보인다. 일순간 그의 머리 속에는 고상하게 학문하는 일에 못지않게 석공으로서의 일도 가치 있으리라는 인식이 스쳐간다. 그는 크라이스트민스터에는 단지 일시적이고 지엽적인 목적에 따라 단순히 복사하고 기워 붙이고 모방하는 일만이 있음을 알게 된다. 그렇지만 그러한 깨달음은 기존관념의 압력에 의해 곧 상실되고 만다. 여기서 주드가 고정관념의 영향을 받아 진정한 깨달음을 상실하는 것은 “불안정이라는 현대적 결함”(69)의 한 형태로 파악된다. 주드는 그때 “중세주의가 석탄 덩어리에 박힌 고사리 잎새처럼 죽은 것이라는 사실을 깨닫지 못했다”(69)고 평해진다.

수를 처음 볼 때 주드는 마치 액자 속의 그림을 보듯 멀리서 관찰한다. 교회용구 판매 가게에서 고딕 활자체를 장식하는 수의 모습을 유리창을 통해 바라보는 것이다. 크라이스트민스터의 분위기에 젖어 있던 그는 수를 자신이 지닌 이상의 일부로 생각하고 이후 그녀에 대해 기묘하고도 환상적인 백일몽을 꾸기 시작한다. 주드에게 그녀는 당당한 위엄은 없지만 우아하다고 할 수 있을 만큼 몸이 가볍고 작으며 신경과민적으로 움직이는 유동적인 모습으로 비춰진다. 주드는 자신은 이미 기혼자이고 수는 사촌이라는 생각으로 그녀에 대한 애정을 억누르려고 하지만 어쩔 수 없이 그녀에게 이끌린다.

1장이 꿈과 같이 환기하는 시적 분위기를 풍긴 것과는 대조적으로 2장은 현실 세계로 되돌아온다. 이 장은 주드가 꿈을 키워온 대학으로부터 얼마나 멀리 떨어져 있는가를 현실적으로 자각하게 되는 과정의 시작이기도 하다.

3장에서는 크게 두 개의 대조가 이루어진다. 첫째 성당에서 보이는 수의 독실한 신앙인으로서의 모습과 이교도인 외국상인에게서 비너스와 아폴로 석고상을 사는 이교도적인 면이 대비된다. 또한 밤에 기본과 스윈번의 이교도적인 글을 읽는 수와 그리스어로 쓰인 성서를 읽는 주드의 모습이 대조된다. 주드는 수를 경건하고 독실한 인물로 생각하고 독자도 얼마 동안은 그렇게 생각하게 된 후에 수가 사실은 기독교주의에 비판적이라는 사실이 밝혀진다. 이 점에서 수는 아이러니하게 도입되었다고 할 수 있다.

수를 보기 위해 성당에 예배를 보러 간 주드는 수에게 육체적인 욕망을 느낀다. 그는 한편으로는 이를 이겨내려 하지만 다른 한편으로는 그 열정을 버리고 싶어 하지 않는다. 이러한 주드의 복잡한 심정과 거기에서 비롯되는 갈등이 전지적 작가 시점에서 잘 드러나 있다.

주드의 동경의 대상으로서 멀리서 그의 시선을 통해서만 관찰되고 독자에게 단편적으로 제시되던 수가 처음으로 독자적으로 그려지는 것은 비너스와 아폴로의 조각상을 사고 난 후의 서술을 통해서다. 이제까지는 멀리서 주드의 관점에서 관찰되던 수가 3장에서는 전지적 작가 시점에서 그려진다. 수의 예민하고 신경과민적인 면과, 이교도 소상을 과감히 사지만 이내 괜히 샀다고 후회하면서 안절부절 못하는 소심한 면이 나타난다.

4장에서는 3인칭 전지적 작가시점으로 주드의 심리적 상태와 변화가 그려진다. 주드는 기혼자인 자신이 수를 만난다는 것은 전통적인 관점에서 볼 때 불륜임을 알지만 그것이 육체적인 끌림이 아닌 지적인 수에 대한 호감이라고 애써 합리화하면서 그녀를 향한 애정을 계속 키워간다. 자신의 도덕적 양심이 수에 대한 애정을 물리칠 수 없음을 알면서도 주드는 욕망의 유혹에서부터 벗어나게 해달라는 기도를 할 수 없음을 깨닫는다.

수는 지적이고 관찰력이 뛰어나지만 충동적이며 어떤 점에서는 허영으로 보일 정도로 예민하게 반응하는 민감한 성격의 소유자이다. 주드와 수의 공통점은 고립성과 이상주의적 성향인데 이는 앞으로 두 사람의 관계에서 부정적인 방향으로 상승작용을 일으키게 된다.

주해와 중요어구

<1장>

- Christminster: 옥스퍼드 대학이 있는 도시를 모델로 하였다. (62)
- 'Save his own soul he hath no star': 하디가 가장 좋아하는 시인 중의 하나

인 스윈번의 「일출 전의 노래」(*Songs before Sunrise*, 1871)의 "서곡"(Prelude)이 일부분이다.

- 'Notitiam primosque gradus vicinia fecit: Tempore crevit amor.': '가까이 있으니 의식하게 되고 첫 단계로 나아가게 되었다. 시간이 흐르면서 사랑이 자랐다': 로마 시인인 오비드(Ovid)가 쓴 『변신』(*Metamorphoses*) 4장 59-60절에 나오는 구절이다.
- gothic: 고대 그리스 로마의 고전적 양식과는 달리 뾰족한 첨두아치(pointed arch), 공중버팀목, 늑골 볼트 등을 사용해 비대칭과 다양성을 추구한 13세기 경의 건축 양식이다.
- Dick Whittington: 전설에 따르면 휘팅턴은 가난한 소년으로서 런던에서 사업에 성공하여 시장이 되었고 부자집 딸과 결혼했다고 한다. 성공한 삶을 영위한 점에서 주드와 대비되는 인물이다. (63)
- Beersheba: 갈릴리 호수에 있는 도시로서 복음서에서 중요한 위치를 차지한다. 하디의 원고를 보면 그는 처음 예수가 갈릴리에서 포교를 한 장소인 가버나움(Capernaum)이라고 썼다. 그런데 예수는 가버나움 사람들이 신앙심이 부족하다고 말한 적이 있다. 마태복음 11장 23절.
- bell: 크라이스트 처치에 있는 종으로 하디가 쓴 "카디널 대학"에서는 "위대한 톰"으로 지칭된다. 영국에서 가장 큰 종의 하나로서 대학 문이 닫히는 시각인 매일 저녁 9시 10분에 101번 울린다. 옥스퍼드 대학교 중에서 가장 큰 대학의 하나인 크라이스트 처치는 카디널 대학으로 이 소설에 등장하고 있다. (『옥스퍼드 대학과 도시 안내』(*The Oxford University and City Guide*, 1860). (64)

옥스퍼드 대학교중 크라이스트 처치(Christ Church) 대학

- the friend and eulogist of Shakespeare: 벤 존슨(Ben Jonson, 1572-1637). 영국의 극작가이자 시인. 이 구절과 이어지는 18개의 이름의 인유를 이해할 수 있는 실마리는 하디가 1895년 11월 10일 헤니커(Henniker) 부인에게 쓴 편지에서 찾아볼 수 있다. (65)
- him who has recently passed into silence: 로버트 브라우닝. 하디는 브라우닝이 세상을 뜬 사실을 1889년 12월 13일의 일기에 적고 있다.
- the musical one of the tribe who is still among us: 스윈번.
- the formularist: 존 헨리 뉴먼(1801-1890), 존 키블(John Keble, 1792-1866), 에드워드 퓨지(1800-1882)등의 '옥스퍼드 운동'의 지도자들.
- Sceptic: 볼링브루크 경(Lord Bolingbroke, 1678-1751).
- historian so ironically civil to Christianity: 에드워드 기번(Edward Gibbon, 1737-1794), 『로마제국의 쇠퇴와 몰락』(*The Decline and Fall of the Roman Empire*)의 저자.
- he who apologized for the Church in Latin: 뉴먼인 듯하다. 그의 자서전 제목은 라틴어이지만 실제 내용은 영어로 쓰여졌다. 여기에서 언급된 작품은 Dissertationculae quaedam critico-theologicae으로 추정된다.
- the saintly author of the Evening Hymn: 켄 주교(Bishop Ken, 1637-1711). 영국 국교회 주교이자 찬송가 작사가.
- the great itinerant preacher, hymn-writer, and zealot: 존 웨슬리(John Wesley, 1703-1791). 감리교 창시자.
- one of the spectres: 인용된 대목은 매슈 아놀드의 『비평론: 제 1집』(*Essays in Criticism: First Series*, 1865)의 서문에 나온다. (66)
- the Corn Law convert: 로버트 필경(Sir Robert Peel, 1788-1850). 인용문은 필이 수상이었을 때 1846년 5월 15일 하원에서 발표한 연설문이다.
- the sly author: 기번. "기독교주의에 한 불멸의 장"으로 인용된 것은 『로마제국의 쇠퇴와 몰락』의 제 15장을 가리킨다.
- the poet: 브라우닝. 아래 인용된 시는 「화롯가에서」(By the Fire-side)이다. (67)
- the author of the Apologia: 뉴먼. 그의 자서전 제목은 *Apologia pro vita sua* (1864)이다.

- the second of them: 키블. 인용문은 그의 저명한 기도 시집인 『교회 역년』(*The Christian Year*)에서 발췌.
- the genial Spectator: 죠셉 애디슨(Joseph Addison, 1672-1719). 인용문은 그가 펴낸 잡지 『스펙테이터』(*Spectator*)의 26호에서 발췌.
- a gentle-voiced prelate: 켄 주교. 인용된 구절은 그의 유명한 "저녁 찬가"(Evening Hymn)에서 발췌.

<2장>

- to read, mark, learn, and inwardly digest: 『일반기도서』(*Book of Common Prayer*)에서 인용한 구절. (70)
- ogee: S자형 곡선의 지붕. (71)
- 'For wisdom is a defence ...to them that have it.': 전도서 7.12.
- mummeries: 신성한 종교의식을 경멸적으로 표현한 용어. 원래의 의미는 "시늉을 하다, 연기하다"이다.
- left no part of him to weigh its practicability: (욕구의) 실현 가능성을 따질 수 있는 여유를 주지 않았다. 욕구가 그를 압도했다.
- she was no doubt abandoned to mummeries on that account—if not quite a Papist. (Miss Drusilla Fawley was of her date, Evangelical.): 두루실라 세대는 극도의 프로텐스탄티즘에, 그 다음 세대인 주드 세대는 로마 가톨릭에 이끌렸다.
- missals: 미사전서. 경축미사에 쓰이는 책으로 보통 삽화가 들어가 있다. (72)
- Spail: speak, shout. 얘기하다. 소리치다. (방언) (73)
- on the bend of her foot: 한쪽 다리를 구부린 채.

<3장>

- *In quo corriget* : 라틴어판 찬송가 119장 9절의 첫 부분. (74)
- Gregorian: 교회 음악의 고대 형식. plainsong으로 알려져 있다. 교황 그레고리 1세의 이름을 따서 명명되었다.
- Hermon: 예수의 변모(transfiguration)가 이루어진 높은 산. 마가복음 9

장 2-9절. 시편 133장 3절. (75)

- the atmosphere blew as distinctly from Cyprus as from Galilee: Cyprus는 사랑의 여신인 아프로디테가 바다에서 태어난 후 정착한 곳으로서 육체적 사랑을 상징한다. 반면 Galilee는 정신적 사랑을 상징한다.
- a dab at Ritual: 종교의식의 전문가. dab: expert. (77)
- Magdalen: 원래 악명 높은 창녀였는데 후에 성스러운 여자가 됨.
- the chapter dealing with the reign of Julian the Apostate: 기번의 책『쇠퇴와 몰락』(*Decline and Fall*)의 23장. 로마 황제 줄리안(Julian)은 이교도로의 개종을 발표했다. 수가 이교도주의를 부활시키려 노력한 황제인 줄리언에 관한 장을 읽는다는 것은 그녀의 대담성을 드러낸다. (78)
- 'Thou hast conquered, O pale Galilean: The world has grown grey from thy breath!: 스윈번의 시 "Hymn to Prosperpine"의 시행. "pale Galilean"은 예수를 가리킨다. 이 부분은 줄리언이 죽어가면서 남긴 말 "Vicisti, Galilaee"(당신이 정복했도다, 오 갈릴리 사람이여)를 가리킨다.
- 'Kai heis Kurios Iesous Christos, di hou ta panta kai hemeis di autou!': 그리스어로 된 고린도전서 8장 6절. (그러나 우리에게는 한 하느님 곧 아버지가 계시니, 만물이 그에게서 났고 우리도 그를 위하며, 또한 한 주 예수 그리스도께서 계시니, 만물이 그로 말미암고 우리도 그로 말미암았느니라.) (79)

<4장>

- erotolepsy: love seizure. 육체적 욕정. 하디의 조어(造語)로 보인다. (80)
- Martyrdoms: 메리(Mary) 1세 시대인 1555년과 56년 사이에 순교한 리들리(Ridley), 라티머(Latimer), 크랜머(Cranmer)의 순교를 가리킨다. (81)
- a licentiate: 설교자로서의 자격증을 취득한 사람. 서품 받은 성직자(ordained clergyman)와 대조된다. (83)
- second year's transfer: 2년차 교생 (85)

제2부 크라이민스터에서. 5장-7장

줄거리

예루살렘 모형 전시관에서 그 모형을 강하게 비판하는 수를 필롯슨은 무섭도록 영리하다고 평한다. 수는 장학관의 깜짝 방문 때 기절할 뻔한 그녀 옆에서 힘이 되어주고 따뜻하게 위로해준 필롯슨과 가까워진다. 주드는 우연히 두 사람의 친밀한 관계를 목격하게 된다.

병석에 드러눕게 된 대고모 문안을 갔다가 주드는 수의 어린 시절 얘기를 듣게 된다. 대학 진학을 위해 대학 학장에게 편지를 보내지만 석공으로서의 직분을 지키는 편이 훨씬 나을 거라는 거부 답장을 받고 주드는 크게 실망한다.

"주드는 일어나서 수사학적으로 암송하기 시작했다."

울적한 기분에 들른 술집에서 주드는 주위 사람들의 부추김에 사도신경을 라틴어로 외운다. 제정신이 돌아온 주드는 성스러운 이야기를 점잖지 못한 곳에서 지껄이고, 경건한 마음으로 해야 될 소리를 아무렇게나 떠들어 댄 자신과 그 상황에 역겨움을 느끼고 술집을 나와 수의 집을 찾아간다. 다음날 아침 크라이스트민스터의 하숙집으로 돌아온 주드는 직장으로부터 해고 통지서가 와 있는 것을 발견하고 짐을 싸서 메리그린의 대고모 집으로 간다. 그곳에서 주드는 보좌신부를 만나 면허 설교자로서의 일에 대해 듣는다.

해설

필롯슨이 교생 수에게 만족해하며 끌리는 것이 그의 관점에서 전달된다. 서술자는 수가 무의식적으로 두 남성 주드와 필롯슨에게 자신을 둘러싼 복잡하게 얽힌 관계를 만들어내고 있는데 그녀 스스로는 그 사실을 알아차리지 못했다고 평한다. 이로써 독자는 앞으로 그 두 사람이 그녀로 인하여 갈등을 겪게 되리라는 것을 짐작할 수 있다.

5장에서는 수의 성격이 구체적으로 드러난다. 모형 순회전시회를 본 다음 날 수는 그 모형을 정확하게 재현해낼 정도로 관찰력이 뛰어나고 지적이다. 수는 다른 사람들을 곧잘 비판하면서도 다른 사람의 가벼운 빈정거림에도 목소리가 떨릴 정도로 예민하게 반응하고 몹시 불안해한다. 가령 예루살렘 모형 순회전시회에서 무섭도록 영리하다는 필롯슨의 평에 수는 민감하게 반응하면서 이른바 영리한 사람의 유형에 끼고 싶지 않다고 응수한다.

6장에서 주드는 지금까지 머릿속에서 막연하게만 생각했던 크라이스트민스터 대학에의 꿈을 좀 더 현실적으로 생각하고 적극적으로 자신이 처한 열악한 상황에서 대학에 진학할 수 있는 방법을 찾는다. 학장의 거부 편지를 받고 주드는 보잘것없는 육체노동자에 지나지 않은 자신의 위치를 새삼 깨닫는다.

대고모와 간병인에 의해 독특하고 여성답지 못하며 남자 아이들과 어울려 다닌 아이로 회상되는 수의 어린 시절을 보면 그녀는 어릴 적부터 당시에 통용되던 성역할 구분을 받아들이지 않았다. 수는 신경이 예민해서 교만하다는 인상을 주고 버릇없이 굴어 매도 많이 맞았다.

주드에게 두 가지의 절망적인 사건이 거의 동시에 일어난다. 수가 필롯슨과 가까워진 사실을 알게 된 그는 그녀가 이제는 사랑해서는 안 될, 사랑을 고백할 수조차 없는 존재라는 것을 깨닫는다. 또한 그가 이제까지 품고 살아온 대학 진학에의 꿈이 한순간에 무너진다. 이 꿈의 좌절로 주드는 사회에 대해 환멸을 느낀다.

입학거부 답장을 받은 주드는 자기처럼 고생하며 살아가는 보통 사람들의 삶이 오히려 케케묵은 대학인들의 생활보다 더욱 의미있고 풍성한 삶이 될 수도 있음을 깨닫는다. 비록 순간적인 깨달음이기는 하지만 주드는 서서히 당당한 '주체'로서의 모습을 갖추기 시작한다.

대학 학장으로부터 입학을 거부하는 답장을 받고 주드는 문 닫힌 대학의 담벼락에 다음과 같은 반항의 글을 남긴다. "나에게도 그만큼의 생각은 있다네. 자네들만큼 모르려니 생각하지 말게. 누가 그 정도의 생각을 못하겠는가?"(욥기 12장 3절). 이 구절은 "겸손하게 운명을 수용하라"는 친구의 충고에 대한 욥의 항변을 담고 있다.

주해와 중요어구

<5장>

- Calvary: 예수가 십자가에 못 박힌 장소. (86)
- in walked my gentleman, the king of terrors: 이 구절은 보통 죽음에 적용된다. (88)

<6장>

- 'Excelsior': 보다 높은 곳을 향하여. 롱펠로(Longfellow)가 지은 시의 한 구절. (90)
- 'There was a sound of revelry by night': 밤엔 환락의 소리가 들렸네. 바이런 (Byron)의 장시 「차일드 해럴드의 순례」(*Childe Harold's Pilgrimage*)

의 칸토 3장 1절의 한 구절.

- 'The Raven': 포우(Edgar Allan Poe)의 시.
- the fatuousness of Crusoe over his big-boat: 크루소가 큰 배에 대해 느꼈던 것과 같은 난감함. 디포우(Defoe)의 『로빈슨 크루소』(*Robinson Crusoe*)에서 주인공은 큰 공력을 들여 보트를 만들었지만 그것을 물가까지 들고 가기에는 너무 무겁다는 사실을 깨닫자 난감해 한다. (94)
- 시 인용문: 독일의 시인 하이네(Heine, 1797-1856)의 "Götterdämmerung"에서 인용해서 영어로 번역한 것이다.
- singularly built theatre: 렌(Wren)이 설계한 셸도니언(Sheldonian) 극장. 일반적인 의미에서의 극장이 아니라 대학교의 기념식이 열리는 곳으로 해마다 학위 수여식이 거행된다.
- T. TETUPHENAY: 테투프네이는 옥스퍼드 밸리올(Balliol) 대학의 학장이자 유명한 고전 학자인 벤자민 조윗(Benjamin Jowett)을 모델로 하였다고 한다. 주드가 받은 편지는 조윗이 젊은 시절의 하디에게 보낸 편지의 사본이라는 주장도 있다. (95)

옥스퍼드 밸리올 대학
(Balliol College)

- The Fourways: 교차로. '네 길이 만나는 지점'. 『옥스퍼드 관광안내서』(*The Visitor's Guide to Oxford,* 1881)에 나온다.
- the town life was a book of humanity infinitely more palpitating, varied, and compendious than the gown life: 대학생활에 비해 보통 사람들의 삶은 부단히 살아 숨 쉬고 변화무쌍하며 간명한 인간미가 넘치는 한 권의 책. 'the gown life': the life of the university. 일반 도시 거주민들의 삶을 지칭하는 "town life"와 대조된다. (96)

- Promenade concert: 대중 음악회. 음악회 도중 청중들이 자유롭게 거닐 수도 있다.

<7장>

- horsey men 'in the know' of betting circles: 말을 좋아해 경마꾼들을 잘 알고 있는 사람들. (97)
- lick 'em on their own ground: 이겨내다, 능가하다. (98)
- the Nicene, the Apostles: 니케아 신경과 사도신경은 초기 기독교 교회에서 유래되고 있으며, 기독교에 대한 신앙을 공언하고 있다.
- Ratcatcher's Daughter: 19세기에 유행한 거리의 발라드. (99)
- had ample time to complete on the way the sobering process begun in him: 그가 정신을 차리는데 필요한 시간은 충분했다. (101)
- sat down by the well, thinking as he did so what a poor Christ he made: 사도 요한 4장 6절. 예수가 "우물에 앉아"(on the well)라는 구절이 나온다.

제3부 멜체스터에서. 1장-4장

줄거리

멜체스터 교원양성학교에 입학한 수에게서 편지를 받고 그 곳에 간 주드는 수가 예전의 발랄한 모습을 잃었음을 발견한다. 교원양성학교를 졸업하고 자격증을 따면 필롯슨과 결혼하기로 약속했다는 수의 고백에 주드는 크게 낙담한다.

교외로 외출했다가 멜체스터행 기차를 놓치는 바람에 수와 주드는 양치기 집에서 하룻밤을 묵게 된다. 다음날 아침 멜체스터에서 헤어지기 전 수는 주드에게 자신의 사진을 준다.

수는 주드와의 외박에 대해 부당하게 징계하는 학교 당국에 항의하는 뜻으로 학교를 몰래 빠져나와 주드의 거처에서 하룻밤을 묵게 된다.

수는 자신이 읽었던 대담한 내용의 책들을 열거하다 그 책들을 읽게 해준 크라이스트민스터 학부생을 언급한다. 그가 수와의 성관계를 원했지만 응하지 않자 죽었다는 말을 들은 주드는 자신의 처지가 떠올라 기분이 우울해진다.

해설

열정적인 편지를 보낸 수를 직접 만난 주드는 그녀가 편지를 쓴 것을 후회하는 듯한 태도를 보이자 당혹해한다. 주드는 수와 더 이상 가까워지면 위험해질 것을 직감하지만 그녀에게 불가항력적으로 끌린다. 대화중에 주드는 충동을 이기지 못하고 수의 손을 잡기도 한다. 그러면서도 그녀를 이성이 아니라 친구이자 친척으로서 사랑한다는 자기기만에 빠진다.

수는 충동적으로 한 행위의 결과를 대면하려 하지 않는다. 가령 필롯슨과 약혼하고서 그 약혼의 결과에 대해서 생각하려 하지 않는다. 또한 충동적으로 편지를 쓴 다음 이내 후회하지만 곧 또다시 편지를 쓸 만큼 불안정한 태도를 보인다.

수의 현대성이 그녀의 말을 통해 직접적으로 표현된다. 가령 수는 대성당에서 애기하자는 주드의 말에 요즘은 정거장이 도시 생활의 중심이라며 차라리 정거장에 앉아 있자고 한다. 또한 주드가 믿고 있는 기독교를 가차 없이 비판할 만큼 인습이나 규범에 얽매이지 않는 모습을 보인다.

주로 주드의 관점에서 서술되는 다른 장들과는 달리 2장에서는 주로 수의 관점에서 주드가 아직까지 기독교주의에서 벗어나지 못한 면이 서술된다. 이와 함께 수의 성격과 면모가 드러난다. 양치기의 집에서 하룻밤을 쉬게 되었을 때 수는 중력과 발아의 법칙을 제외한 모든 법규에서 벗어나 있는 이곳이 좋다고 말하며 어린 시절과 그 시절의 자유로 되돌아가고 싶다고 한다. 여기에서는 관습과 규범에서 벗어나고 싶어 하는 면과 함께 어린 시절로의 퇴행 심리도 찾아볼 수 있다. 그렇지만 수는 스스로를 사회의 반항자이자 추방자인 이쉬마엘이자 문명 파괴자라고 지칭한다.

수는 여성에게 순결과 억압적인 규율을 강요하는 멜체스터 교원양성학교에 구속되지 않고 자신의 의지대로 자유롭게 선택하여 행동하고자 한다. 그곳에서 도망쳐 나오기 위해 그녀는 강물을 건너는 일도 불사한다.

멜체스터 기숙사의 가스등에 비친 여학생들의 모습을 묘사한 부분은 객관적 3인칭 관찰자 시점으로 쓰여져 있다. 여성은 생물학적으로 약하게 태어났고 약자의 운명을 타고 났다는 관점이 드러나는데 이는 작가 하디의 생각이기보다는 당대인들의 일반적인 여성관을 반영한 것이라고 할 수 있다. 따라서 인습적인 성 관념으로 후퇴해버린 하디의 보수성이 이 부분에 드러났다고 할 수는 없다.

스쳐 지나가듯 언급되지만 경직되고 인습에만 얽매인 학교 당국의 처사에 교원양성학교 여학생들이 반발하는 대목이 나타난다. 수가 외박에 대한 징벌로서 일주일 동안 독방에 갇혀 지내며, 식사와 공부도 그곳에서 혼자 해야 한다는 사실을 알게 된 여학생들은 수에게 가해진 벌이 너무 심하니 벌을 가볍게 해달라는 탄원서를 제출한다. 학장이 아무런 조치를 취하지 않자 학생들은 수업을 거부하기도 한다.

추운 날씨에 강물에 뛰어드는 바람에 흠뻑 젖은 옷을 말리느라 수는 주드의 옷을 입는데 이때 주드는 그녀를 미화하고 이상화한다. 그는 잠든 수에게서 “거의 하나의 신성”(116)을 느끼기까지 한다. 그가 그녀를 신성을 지닌 이상화된 존재로 생각해 버리는 것은 이미 기혼자인데다 필롯슨과 가까워진 수를 이성으로 대하는 것이 괴롭기 때문이다.

주드와 수의 관점이 대조된다. 수는 신학에 몰두해 있는 주드에게 기도를 위선으로 생각한다며 그와의 저녁 기도를 거절한다. 크라이스트민스터를 영광스러운 곳으로 이상화하는 주드와는 달리 수는 그곳을 강하게 비판한다. 성경에서 사도행전과 복음서를 뺀 나머지를 연대기순으로 다시 만들어주겠다는 수에게서 주드는 신성모독을 느끼기도 한다.

수는 대학의 중세주의가 허물을 벗어야만 되고 결국은 사라져야만 한다고 주장한다. 그녀는 크라이스트민스터를 초자연적인 영광을 지닌 신의 도시로 생각하는 주드를 비판하고 더 나아가 사제가 되려는 주드의 꿈이 케케묵은 중세주의에 입각한 것임을 그에게 주지시킨다. 그런데 수 스스로 밝히고 있듯이 이러한 입장은 구체적인 경험을 바탕으로 정립된 것이 아니라 크라이스트민스터 학부생의 종교적 회의주의에 영향을 받은 관념적인 것이다. 따라서 그것은 개념화와 추상화의 수준에 머물러 있다.

크라이스트민스터의 교육 체제와 교육의 불평등에 대한 수의 비판 인식 또한 예리하다. 그녀는 대학이 계층 상승을 시도하는 주드와 같은 인물에게 배타적인 곳임을 간파한다. 이곳에 대학을 세울 때 받아들이려고 했던 그런 사람들 중의 하나가 주드이지만 백만장자들의 자식들에 떠밀려서 길거리에 나앉은 것이라고 그녀는 지적한다.

주드와 수의 관계에 있어서의 하나의 패턴이 나타난다. 수는 가차없이 주드를 비난하다가 그가 반격을 하려 하면 갑자기 감상적으로 자기비난을 하면서 그의 마음을 누그러뜨린다. 극도로 비난에 민감한 그녀는 이성적인 논쟁을 사적인 감정의 차원으로 끌어내리기도 한다.

주해와 중요어구

<1장>

- Melchester: 멜체스터는 윌트셔(Wiltshire) 주에 있는 솔즈베리(Salisbury)라는 성당 도시를 모델로 했다. 하디는 그의 여동생들이 영국 국교회 대학에서 교사양성 교육을 받았기 때문에 이곳이나 이곳 건축물에 대한 기록을 잘 알고 있었다고 한다. (102)

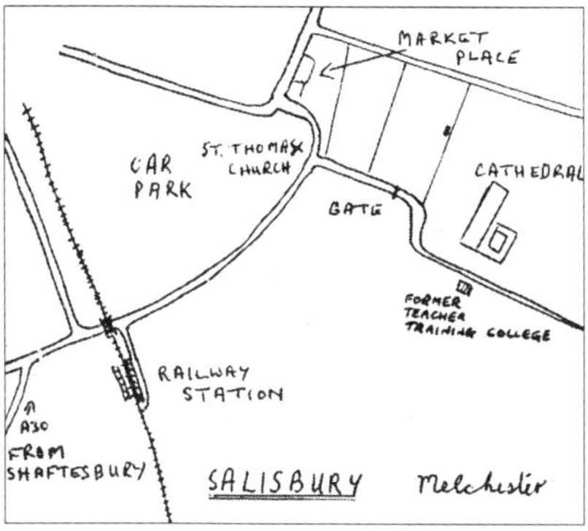

멜체스터의 모델이 된 솔즈베리의 지도

- 'For there was no other girl, O bridegroom, like her! - Sappho (H. T. Wharton): 사포는 고대 그리스의 시인. 훠튼의 번역본은 1885년에 출판되었다.
- taking double-firsts: 두 개의 전공 분야에서 1등하기.
- *coup de grăce*: death stroke, final blow. 마지막 일격. (103)
- exemplar: 예수. (104)
- the most graceful architectural pile in England: 영국 윌트셔 주의 도시인 솔즈베리의 대성당으로 영국에서 가장 큰 첨탑을 지니고 있다. 하디는 이곳을 좋아하여 자주 방문했다고 한다.
- to see a man's hands subdued to what he works in: 자기가 일하는 상황에 손을 맡기다. 여기서 수는 세익스피어의 소넷 111번을 생각해내고 있다. (106)
- Paley and Butler: 페일리의 『기독교정신의 증거』(*Evidences of Christianity*, 1794)와 버틀러의 『종교의 유추』(*Analogy of Religion*, 1736)는 표준이 되는 신학 책이다. (108)

<2장>

- Wardour Castle: 윌트셔에 있다. 페인(James Paine)이 디자인하여 1770-76년에 지어졌다. (108)
- Fonthill: Fonthill Abbey. 의사 고딕(mock-Gothic) 스타일로 1796-1807년에 건립된 사원.
- Del Sarto, Guido Reni, Spagnoletto, Sassoferrato, Carlo Dolci, and others: 16세기와 17세기 이태리 화가들. (109)
- Lely: 찰스(Charles) 2세 시대의 화가(1618-1680). Reynolds: 화가(1723-1792). 두 화가는 주드가 찬미하는 종교적인 주제가 아니라 세속적인 주제를 다룬 그림을 그렸다.
- chainey: china. 기와 판. (110)
- Chimmer: Chamber. 방. (방언)
- Ishmaelite: 비순응자, 사회의 추방자. 아브라함이 그의 시녀 하가에게 낳게 한 아들.

<3장>

- have it hot: be severely reprimanded or punished. 심하게 꾸짖거나 벌하다. (방언) (112)
- round robin: 사발통문. 서명한 사람의 순서를 밝히지 않기 위해서 원형으로 서명한 항의서. (113)
- Parthenon frieze: 아테네의 아테나(Athena) 신전의 유명한 조각상. 하디는 이를 대영박물관에서 보았다고 한다. (115)
- I read Lempriere, ... Shakespeare: 빅토리아 시대의 기준상 외설스럽거나 솔직한 표현으로 유명해진 작가들. 하디는 1890년대 말에 주로 마셜(Martial), 루시언(Lucian) 그리고 스몰리트(Smollett)를 포함한 “풍자가들”의 작품을 읽었다고 한다. (*Life* 230). (117)
- 인용 시: 브라우닝의 시 「너무 늦었어」(*Too Late*)에서 발췌. (119)
- new wine in old bottle: 마태복음 9장 17절에서 발췌. (120)
- 인용구절: 스윈번의 「지옥의 신을 위한 찬미가」(*Hymn to Proserpine*)에

서 발췌.

- Tractarian: 소책자 운동 혹은 옥스퍼드 운동. 1833년과 1845년 사이 영국에서 활발하게 벌어졌다. 뉴먼, 키블 그리고 퓨지를 포함한 이 운동의 주창자들은 초기 기독교 교회의 원래 교리를 부활시킬 것을 촉구하였다. 이 운동의 명칭은 당시에 영향력 있었던 연속 출판물 「시대를 위한 소책자」(*Tracts for the Times.* 1833-41)에서 유래하였다. (121)
- Voltairean: 프랑스의 철학가 볼테르적인. 볼테르(1694-1778)는 기존의 사회제도를 비판하고 권위를 경멸한 것으로 유명하다.
- "Whither is thy beloved gone, O thou fairest among women?": 솔로몬의 노래이다. 에로틱한 내용의 이 고대의 시는 성직자들에 의해 종교적인 우화로 해석되었다고 한다. (122)
- Euclid: 그리스의 수학자로서 그의 기하학에 대한 연구는 표준 교과서로 사용되었다.
- Ganymedes: 그리스 신화에서 신에게 술 시중을 든 아주 잘생긴 젊은이. (123)

제3부 멜체스터에서. 5장-8장

줄거리

수가 교원양성학교에서 쫓겨난 것을 모르고 그녀를 방문한 필롯슨은 큰 충격을 받고 성당에서 보수 작업을 하던 주드를 찾아가 사건의 경위를 듣는다. 주드는 수에게 자신이 몇 년 전 결혼한 유부남이라는 사실을 털어놓는다.

결혼식 날 신부 수를 신랑 필롯슨에게 인도하는 역할을 하면서 주드는 이 일을 맡은 것을 후회한다. 수가 고의적으로 그녀 자신과 그의 마음을 아프게 하기 위해서 이런 부탁을 한 것이 아닌가 하는 생각을 하기도 한다. 결혼식 후 수는 주드의 하숙집에서 식사를 하고 두려운 눈빛으로 떠나려다가 무엇인가를 두고 왔다고 말하며 하숙집 안으로 들어간다. 뒤따라간 주드에게 수는 눈물 어린 눈으로 쳐다보며 무엇인가를 맹세하려는 듯이 입술을 열다가 그냥 떠난다.

"수는 눈물이 가득한 눈으로 그의 눈을 들여다보았다."

일자리를 제안 받고 크라이스트민스터에 간 주드는 예기치 않게도 그곳 술집에서 종업원으로 일하고 있는 아라벨라를 만나 깜짝 놀란다. 그는 드루실라 대고모의 병문안을 하러 온 수를 마중나가기로 한 약속을 저버리고 아라벨라와 올드브릭험의 한 여관에서 함께 하룻밤을 보낸다.

해설

멜체스터 교원양성학교를 뛰쳐나온 다음날 대학에 다시 받아들여 줄 것을 요청할 정도로 수의 반관습적인 태도는 자신감을 결여하고 있다. 학교에서 뛰쳐나온 것을 후회하며 변덕스러운 태도를 보이는 수에게 주드는 그녀에 대한 사랑과 함께 아라벨라와의 과거를 고백하려 한다. 마침 그때 수는 자신을 사랑하면 안된다고 말한다. 다음날 아침 수는 주드에게 그녀를 사랑해도 좋다는 충동적인 편지를 보낸다. 수가 주드에게 자신을 사랑하지 말라고 하는 것은 역설적으로 그녀에게 그와 이성으로서 가깝게 지내고 싶은 마음이 있음을 드러낸다. 수는 학교 측에서 주드와 빨리 결혼을 하라는 충고까지 했다면서 그녀 자신이 전혀 눈치 채지 못한 상태에서 그녀를 연인으로 생각해 온 주드를 꾸짖는다. 주드는 그녀의 변덕스러움에 화가 나지만 수가 보내온 후회와 사과의 내용이 담긴 편지를 받자 즉시 그녀를 용서한다. 수는 "모든 것이 항상 다 내 잘못이다"(126)고 자책을 하여 자신을 비난하려는 주드를 무장 해제시킨다. 이러한 수의 행동 패턴이 계속해서 반복된다.

6장은 주로 필롯슨에게 초점을 맞추어 서술되었다. 수가 보내왔던 편지들을 소중히 간직하고 몰래 꺼내보는 필롯슨의 모습은 그가 겉보기와는 달리 열정적인 인물임을 드러낸다. 수는 주드가 유부남이라는 사실을 듣고 당혹감과 질투심에 불타 화를 내며 불안정한 모습을 보인다. 수는 곧 자기 자신을 되찾은 듯 태연한 척하며 현학적으로 얘기한다. 하지만 곧바로 필롯슨과 결혼해버리는 것을 보면 그녀가 경솔하고 자기파괴적으로 상황에 자신을 내맡겼음을 알 수 있다.

주드가 이제까지 망설이며 미루어왔던 과거를 고백하는 장소는 저녁 철시 후 지저분한 채소 찌꺼기가 나뒹구는 시장터이다. 시장이라는 공공장소에서 고백이 이루어지므로 두 사람 사이의 격렬한 감정이 자유롭게 발산되지 못한다. 두 인물의 감정은 억눌려 있지만 독자는 그들 사이에서 감정이 격렬하게 요동치고 있음을 느낄 수 있다.

결혼식 때 신부를 인도하는 관습이 신부를 동물 취급하는 것과 마찬가지라고 반발하면서도 막상 자신의 결혼식 때 주드에게 그것을 부탁하는 수의 모습에서 관습에 대한 이중적인 태도를 찾아볼 수 있다. 다른 사람에게 고통을 가하고 그 고통받는 사람 때문에 슬퍼하는 수의 "모순성"과 "괴팍스러운" 면이 주드의 목소리와 서술자의 목소리가 뒤섞인 채 부각된다(139-40).

필롯슨과 결혼한 수가 떠난 후 쓸쓸함과 허전함 속에 주드는 또 다시 술집을 찾고 그곳에서 아라벨라를 만나 하룻밤을 함께 보내는데 여기에서 술과 여자에 약한 주드의 모습이 다시 확인된다. 주드의 기분이 최저점에 있을 때 아라벨라가 등장하는 것은 잔인한 우연의 작용이다.

주해와 중요어구

<5장>

- dew-bit: 아침 식사 전에 먹는 적은 양의 식사. (123)

<6장>

- National schoolmaster: 가난한 사람을 교육시킬 목적으로 1811년 조직된 국립협회(National Society)가 설립한 학교를 담당한 사람. (128)
- a natural delicacy being as ample a reason for silence as any degree of blameworthiness: 침묵한 것은 비난을 받을 일이지만 사건의 미묘성에도 이유가 있으리라고 생각했다. (129)
- Venus Urania: 육체적 사랑에 반대되는 지적인 사랑의 여신. (134)

<7장>

- play the Spartan: 스파르타식 용기와 자제력을 발휘하다. (135)
- Spartan: 고대 그리스의 스파르타 사람들. 불굴의 용기와 자제력으로 명성이 높다.
- a nominal residence of fifteen: 결혼할 당사자들은 결혼식이 거행되기 전 15일 동안 그 교구에서 거주해야 한다. 수가 기혼남인 사촌 주드의 교구로 와서 10일 동안 머무는 것은 그 때문이다. (136)
- Perpendicular: 수직식 교회. 영국 교회 건축의 중세 양식.
- ‘I can find ... for your womanhood!’: 브라우닝의 시「가장 나쁜 것」(*The Worst of it*)의 한 구절. (138)

<8장>

- starting of the mechanical tell-tale of monies received: 돈이 금전 등록기 안에 들어가면서. start: set going. (143)

제3부 멜체스터에서. 9장-10장

줄거리

주드는 호주에서 결혼했다는 아라벨라의 얘기를 듣고 그녀를 경멸하면서도 다른 한편으로는 연민의 정을 느낀다. 주드를 만난 수는 약속을 지키지 못한 그를 책망한다. 함께 고모의 병문안을 가는 중에 주드는 행복하다는 수의 말에도 불구하고 그녀의 얼굴표정과 목소리에서 결혼 생활이 불행하다는 사실을 감지한다. 결혼을 하면 후회를 하게 되는 집안 내력을 언급하며 왜 결혼을 했느냐는 대고모의 다그침을 들은 후, 수는 결국 주드에게 필롯슨과 결혼하지 말았어야 했음을 고백한다.

멜체스터로 돌아온 주드는 성직자가 되기 위해 열심히 공부하면서도 수에 대한 열정 때문에 고민한다. 그는 성가 음악에 반해 케넷브리지로 작곡가를 찾아가지만 그가 술 판매로 돈을 버는 데만 관심이 있음을 발견하고 크게 실망한다.

해설

아라벨라를 향한 육체적 충동에 굴복해버린 후 주드의 수에 대한 이상화는 더 심해진다. 그는 수가 너무나 정신적이어서 "어떤 남자의 아내가 되기에도 부적합한 환상적인"(149) 존재라고 생각한다. 여러 가지 여건상 수와 점차 멀어지자 그녀를 애초부터 범접할 수 없는 존재인양 생각해버림으로써 마음의 위안을 찾는 것이다. 자기를 찾아오라는 수의 편지를 받고 주드는 수에게 강한 열정을 품고 있는 자신이 과연 도덕적으로 성직자가 되기에 적합한 인물인지 의구심을 품는다.

주해와 중요어구

<9장>

- Sebastiano's Lazarus: Sebastiano Del Piombo가 1517-18년에 그린 'The Raising of Lazarus'. 하디는 이 그림을 런던에 있는 국립미술관(National Gallery)에서 보았다. (152)
- I can mind the man very well: 난 그 사람 정확하게 기억해낼 수 있어.
- mind: remind. (방언)
- Ascetics of the second century: 엄격한 자기규율과 자기부정을 실천했던 초기 기독교 교인들. (153)
- parted in a slight tiff: 사소한 다툼 속에 헤어졌다.
- worsting the Enemy: 적을 무찌르다. 여기에서 적은 성적 유혹이라는 악마. (154)

<10장>

- 'insulted Nature sometimes vindicated her rights': 기번의『로마제국의 쇠퇴와 멸망』1.15에서 발췌.
- chimerical: 망상에 따른. 신화 속 괴물인 키메라에서 나온 말. (156)
- at the trifling expense of a stoppage of pay: 임금에서 일정액을 공제하는 불이익을 감수하여. (157)
- stoppage: 공제 지불.

제4부 새스턴에서. 1장-4장

줄거리

"머뭇거리며 "주드"라고 부르는 소리가 들렸다. 수의 목소리였다."

새스턴으로 수를 찾아온 주드가 그녀에게 남자를 가지고 노는 바람기가 있음을 비난하자 수는 다른 사람에게서 사랑을 받고 싶은 여인의 마음은 채울 수 없다며 자신을 이해해 주지 못하는 주드를 책망한다. 창밖의 주드를 내다보며 수는 자신은 겉으로는 필롯슨 부인으로서 평온한 삶을 살고 있는 것처럼 보이지만 실제로는 혼자 내던져져 기이한 열정에 시달리는 외로운 여자라고 고백한다. 한편 기차를 놓치는 바람에 다시 수의 집을 찾아간 주드는 창밖에서 그녀가 눈물지으며 누군가의 사진을 보는 모습을 바라보면서 그 사진이 자신이 아닐까 생각하게 된다.

대고모의 장례식 때 수는 마침내 필롯슨에게 신체적으로 혐오감을 느끼고 있으며 결혼 생활이 행복하지 못하다는 속사정을 터놓게 된다. 수는 결혼이 자신의 의사와는 무관하게 남편이 원할 때 반응해야 하는 등 성적 자발성을 박탈하는 물질적인 계약에 불과하다는 견해를 밝힌다.

다음 날 아침 작별하기 전 두 사람은 극적으로 열정적인 키스를 하고 이 키스는 주드의 일생에 대전환을 가져온다. 그날 저녁 주드는 성적인 사랑을 죄악시하는 종교의 길은 천성적으로 자신에게 맞지 않고 수에 대한 열정을 간직한 이상 법을 지키는 종교적 교사가 된다는 것은 사기이며 위선이라고 생각하면서 여태껏 공부하던 신학 서적과 윤리학 책을 모두 불태운다. 수는 필롯슨에게 불행한 결혼생활을 끝내고 주드와 함께 그녀가 원하는 방식대로 살고 싶다는 고백을 한다.

밤늦게 필롯슨이 무심결에 수의 침실에 들어가자 놀란 수는 잠옷 차림으로 창문을 열고 2층에서 자갈 깔린 땅으로 뛰어내린다. 수의 행동에 충격을 받은 필롯슨은 수를 떠나보내지 말라는 친구 길링엄(Gillingham)의 충고에도 불구하고 동정과 자비로써 수에게 떠날 자유를 준다.

"자갈 깔린 땅 위에 하얀 덩어리가 떨어져 있었다."

해설

서술자는 현재형과 과거형 시제를 사용하여 새스턴의 긴 역사를 개관한다. 이곳은 성곽이나 대수도원, 성묘 등 여러 유물들이 지금은 다 사라지고 없어서 방문객을 슬픈 우수에 잠기게 만드는 곳이다. 철길을 만들기가 불가능한 위치여서 걷거나 수레를 이용할 수밖에 없는 이곳은 세상 사람들에게 잊혀진 곳이다. 순회 짐마차나 순회 극단, 순회 사격장과 연결되어 이동해 다니는 업체의 주인들이 쉬는 본부이기도 하다.

수는 감정기복이 심한 인물로 묘사되고 그녀의 간접적인 발언들을 통해서 필롯슨과의 결혼 생활에 문제가 있음이 재차 암시된다. 창틀을 사이에 두고 서로 이야기를 하는 장면은 두 사람 모두 이미 기혼자라는 사실이 그들의 관계에 장벽으로 작용하고 있음을 시사한다.

2장에서는 주드와 수가 공통적으로 남이 당하는 고통을 안타까워하는 동정심이 많은 인물임이 드러난다. 새벽에 주드는 덫에 걸려 괴로워하는 토끼의 고통을 덜어주고자 밖으로 나왔다가 역시 토끼에 대한 연민으로 잠을 이루지 못하고 유리창 밖을 내다보던 수를 만난다. 주드는 수의 날개짓을 통해 그녀의 결혼 생활이 불행함을 다 알아차릴 수 있다고 말하는데 이를 통해 수의 이미지가 가련한 새임이 시사된다.

결혼 생활의 실상을 숨기려 하던 수는 창문을 사이에 두고 주드에게 말할 수 있게 되자 필롯슨과의 결혼을 후회하고 있다는 속마음을 고백한다. 수는 결혼의 진정한 의미가 무엇인지 충분히 생각해보지 않고 너무 성급하고 무모하게 결혼했으며 무지한 상태에서 행한 일을 바로잡을 수 있었으면 좋겠다면서 이혼을 원하고 있음을 암시한다.

3장에서 두 사람의 키스는 그들 사이에 가로놓인 관습의 장벽이 허물어지는 전환점이 되는데 이 장면은 다른 장면에서와는 달리 특이하게 서술된다. 처음에는 관찰자적 시점에서 이웃 사람들이 주드와 수가 언덕길을 걸어 내려가는 모습을 보았고 1시간 후 돌아오는 길에 주드의 얼굴 표정에는 무모함과 고양된 기분이 뒤섞여 나타났다고 서술한다. 그 다음 "어떤 사건이 발생했었다"(171)는 짤막한 문장으로 독자의 주의를 환기한 후 무슨 일이 일어났는지를 시간을 거슬러 상세하게 서술한다. 사촌으로서가 아니라 연인으로서 키스하겠다고 주드가 고집을 부리자 그냥 헤어졌다가 이내 약속이나 한 듯 동시에 두 사람은 되돌아보며 달려와 열렬한 키스를 나누었다는 것이다. 서술자는 이 키스가 주드의 인생에 전환점이었다고 전지적 시점에서 단언한다. 이후 주드의 관점이 서술자의 관점과 뒤섞이는 가운데 그의 마음 속 생각이 자유간접화법으로 전달된다.

대학 입학의 꿈이 좌절된 후 차선책으로 택한 면허 설교사의 길마저 주드는 수와의 사랑에 충실하기 위해 포기한다. 주드는 그의 첫 번째 소원인 학문적 성취는 한 여자(아라벨라)에 의해 저지되었고, 두 번째 소원인 사도(使徒)가 되려는 염원은 다른 한 여자(수)에 의해 제지되었다는 사실을 깨닫는다. 주드의 목소리로 전해지는 이 부분은 그에 대한 아이러니로 읽을 수 있다. 그는 자신의 실패를 전적으로 여자와 관습의 탓으로 돌리지만 실제로는 충동적이고 의지가 약한 그의 성향에 기인한바 또한 크다. 이 사실을 간파할 때 독자는 주드의 말과 생각을 곧이곧대로 믿지 않게 된다.

3장에서는 수가 성본능을 결한 정신적인 존재라는 주드의 생각과는 달리 성적으로 질투하고 남성과 열정적으로 키스할 만큼 보통 여성과 다를 바 없이 건강한 성을 지니고 있음 또한 드러난다. 수가 자신을 주드에게 보내달라고 말한 그날 밤 필롯슨은 놀랍게도 수를 벽장 안에서 발견하는데, 이것은 남편을 거부하는 수의 강력한 의사표현이며, 두 사람의 결혼 생활이 파국으로 치닫는 막바지에 이르렀음을 의미한다.

수업이 진행되는 동안 학생들을 매개로 한 수와 필롯슨 사이의 편지 왕래는 다소 우스꽝스럽게 그려져 있다. 엄격한 통제 하에 질서 있게 진행되는 학교생활은 수와 필롯슨이 처한바 관습에 반하는 비정상적인 상황과 아이러니하게 대조된다.

4장에서 수는 필롯슨의 접근을 피하고자 창문 밖으로 뛰어내리는데 이러한 행위는 주드와 대화를 나누던 이전의 여러 장면에서 그들을 가로막고 있던 유리창을 마침내 뛰어넘은 것으로 그녀가 스스로를 자유롭게 해방시키는 상징적인 행위라 할 수 있다.

필롯슨은 수가 자신과 약혼을 하고 결혼을 하기까지의 내면 상태를 정확히 알고 있다. 그는 그녀의 무경험을 이용하여 확신이 생기기도 전에 약혼을 하도록 설득했고, 그후 그녀는 맹목적으로 그 약속을 지켰다는 것이다. 필롯슨은 이처럼 상황을 정확하게 간파하는 통찰력을 지니고 있을 뿐 아니라 사실을 있는 그대로 인정할 만큼 양심적인 인물이다. 필롯슨은 길링엄에게 수가 주드에 대해 품는 감정이 자신에게는 수수께끼이며 그들은 한 사람이 둘로 쪼개진 것 같다고 말한다. 필롯슨이 보기에 수와 주드의 애정 관계에는 조잡한 것은 전혀 없이 예사롭지 않은 동질성과 공감이 있으며 그들은 오로지 함께 있으면서 서로의 감정과 꿈을 나누기를 바란다. 하나가 둘로 나뉜 것 같은 두 사람의 관계는 육체를 부정하고 영혼에 기반을 두는 플라토닉한 관계라기보다는 셸리적인 낭만적 연인 관계라는 것이 필롯슨의 생각이다. 빅토리아조의 관습을 당연히 여기는 필롯슨조차도 수를 주드에게 보내면서 결혼이 여성에게 가하는 억압과 가부장 제도를 비판한다. 필롯슨은 사회에서 남자 없이 여자와 아이가 하나의 단위가 되는 모가장제가 가능하지 않을 이유는 과연 무엇인가에 대해 의문을 던진다.

주해와 중요어구

<1장>

- Shaston: 도오셋 지방의 새프츠베리(Shaftesbury)를 모델로 하고 있는데 이곳에 대한 묘사는 1774년에 첫 출판된 후 1861년과 1870년 사이에 네 권의 책으로 발행된 존 허친스(John Hutchins)의『도오셋 군의 역사와 풍속』(*History and Antiquities of the County of Dorset*)의 내용을 토대로 하고 있다.

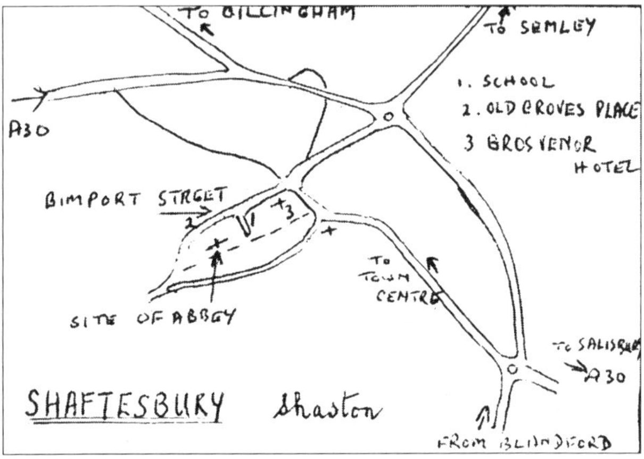

새스턴의 모델이 된 새프츠베리의 지도

- Pharisee: 옛날 유대에서 형식적 의식이나 전통을 중시한 나머지 그 정신을 몰각한 종파의 사람. 독선가, 형식주의자. (157)
- epigraph의 내용: 밀턴(Milton)의 팜플렛「이혼의 교리와 법규」(Doctrine and Discipline of Divorce)에서 발췌.
- 'From whose ... strange reports arise': 마이클 드레이튼(Michael Drayton, 1563-1631)이 운문으로 쓴 영국에 대한 안내 책자인『폴열비언』(*Polyolbion*) (1622)에서 발췌.
- King Edward 'the Martyr': 순교자 에드워드 왕(975-78). 도오셋의 코프(Corfe)성에서 암살당함.
- Dissolution: 헨리(Henry) 8세가 행한 수도원의 재산 몰수.
- Apologetical: 신학의 한 분야인 호교학 교과서. (161)

- Joseph the dreamer of dreams: 꿈을 꾸는 요셉, 창세기 37장 5-10절. (162)
- who ... could see Heaven opened: 천국이 열리는 모습을 본 성 스테판. 사도행전 7장 55-59절.

<2장>

- disposed not: 처치하지 않다. (164)
- if God disposed not: "Man proposes, but God disposes" 토마스 아 켐피스(Thomas a Kempis)와 다른 초기 작가들에게서 발견되는 구절.

<3장>

- a parson in embryo: 목사가 될 사람, 사제의 초보 단계를 밟는 사람. (171)
- was condemned ipso facto as a professor of the accepted school of morals: 그 사실 자체로(ipso facto) 공인된 윤리학교의 교수로서 비난받게 되어 있었다.
- ipso facto [ipsou fæktou]: by the same fact (그러한 생각만을 하였다는) 사실 그 자체에 의해서, 결과적으로.
- a whited sepulchre: hypocrite 회칠한 무덤의 위선자. 마태복음 23장 27절. (172)
- J. S. Mill's words, those are: 밀이 쓴 『자유론』 3장에서 발췌. (177)
- argumentum ad verecundiam: 기성 권위를 존중해줄 것을 호소하고 있는 주장.
- Humboldt: Baron Wilhelm von Humboldt: 독일의 고전학자이며, 『정부의 영역과 의무』(*The Sphere and Duties of Government*)의 저자이다. 밀의 『자유론』에 인용되었다. (178)

<4장>

- 인용된 시구: 윌리엄 반즈(William Barns). 이 부분은 모두 「섀프츠베리 장날」(Shaftesbury Feair)이라는 시에서 인용된 것이다. 반즈(1801-1886)는 도오셋 지방의 방언 시인이자 학자인데 하디는 그를 잘 알고 있었다. (180)

- 인용된 시구: 드레이튼(Drayton)의 시. (181)
- lumpering: walking heavily. 힘들게 걷는. (방언)
- toled: persuaded, enticed. 설득했었다. (방언)
- good-now: You may be sure, I expect, I guess. (W. R. Rutland, *Thomas Hardy: A Study of His Writings and Their Background*, 1938). 하디의 설명에 따르면 이 방언은 그 당시 시골에서 여전히 사용되고 있었다. (182)
- Laon and Cythna: 낭만주의 시인인 셸리의 「이슬람의 반란」(*The Revolt of Islam*, 1818)에 나오는 연인들. 셸리는 하디가 좋아한 시인이다. (183)
- Paul and Virginia: 18세기 프랑스 소설가 베르나르댕 드 생 피에르의 소설 『폴과 비르지니』(*Paul et Virginie*, 1787)에 나오는 이상화된 순수한 사랑의 유형.
- I am all abroad: I am quite wrong. 내가 틀렸다. (184)
- out-Sued Sue: 수의 생각을 다 짐작했다.
- rafted: upset, troubled. (방언)

제4부 새스턴에서. 5장-6장

줄거리

필롯슨과 헤어진 후 주드를 만나 올드브릭험으로 간 수는 주드와 한 방을 쓰지 않겠다고 말하여 그를 당황하게 만든다. 우연히 그들이 찾아간 여관은 주드가 아라벨라와 하룻밤을 보낸 곳으로, 그 사실을 여관 주인을 통해 알게 된 수는 화를 내며 주드와 말싸움을 한다.

학교 이사회는 아내를 연인에게 떠나보낸 필롯슨에게 사표를 제출하도록 종용한다. 길링엄의 충고에도 불구하고 사표 제출을 거부한 그는 정식 해고 통지서를 받게 된다. 공청회에서 그를 비난하는 사람들과 그를 옹호하는 사람들과의 싸움이 벌어지자 필롯슨은 사표를 내지 않은 것을 후회한다.

해설

주드와 수가 동거를 시작한 올드브릭험은 아라벨라가 주드를 만나기 전 술집 종업원으로 일했던 곳이자 주드가 호주에서 돌아온 아라벨라와 하룻밤을 보낸 곳이다.

수는 필롯슨을 떠나 주드와 함께 살게 되었을 때 결혼이라는 틀에 얽매이지 않은 자유와 육체관계를 초월한 사랑을 원칙으로 내세운다. 수의 원칙에 대한 완강한 고집은 주드의 설득에도 꺾이지 않는다. 수는 사람들이 결혼하는 것은 자연적인 성본능을 충족시키기 위해서라는 주드의 간곡한 충고를 묵살한다. 주드는 한 방을 쓰지 않겠다는 수의 이야기를 듣고 자신이 옛날 크라이스트민스터 대학생과 같은 처지에 놓였음을 깨닫는다. 여기에서 주드와 수의 동거 생활이 험난할 것임이 전조된다.

수는 셸리의 「에피사이키디온」(*Epipsychidion*)에 묘사된, "환상" 속에서 만난 "천상의 천사"가 자신을 의미한다고 말하며 주드에게서 이 사실을 확인하고 싶어한다. 이 대목은 수가 주드로부터 육신이 없는 정신적인 면을 높이 평가받고 싶어 하는 허영심을 갖고 있음을 시사한다.

6장에서는 인습적 사고에 젖어 있는 중류계층 사람들과 이들과는 달리 다양한 경험을 통해 인습에서 벗어나 열린 사고를 할 수 있는 하류계층 사람들이 대조된다. 아내를 애인에게 떠나보낸 필롯슨이 학생들을 가르치는 것은 교육상 좋지 않다며 그의 해고를 요구하는 중류계층 사람들과 그를 옹호하는 사람들이 충돌하는 바람에 공청회는 난장판이 된다. 필롯슨을 옹호하는 사람들은 빗자루 순회 판매업자 등 한

곳에 정착해서 살지 않고 여러 곳을 돌아다니는 사람들로서 다양한 경험 덕에 사고가 유연하다.

필롯슨이 해고된 후 몸져누운 사실을 길링엄을 통해 알게 된 수가 병문안을 오지만 그녀는 아직도 미련을 보이는 필롯슨이 자신을 포기하게 만들기 위해서 주드와 완전한 부부관계를 맺은 것은 아니라는 사실을 털어놓지 않는다. 이후 필롯슨은 수와 법적으로 이혼하여 그녀에게 자유를 주겠다고 결심한다. 그런데 이러한 일련의 과정은 수로 하여금 결국 필롯슨에게 되돌아가게 만드는 원인이 된다. 수는 자신과 주드가 성관계가 없이 동거하고 있다는 사실을 필롯슨에게 말하지 않음으로서 그로부터 이혼을 받아낸 것에 대해 거짓된 이유 아래서 자유를 얻어냈다는 불편한 심정 속에 양심의 가책을 느꼈고, 이러한 심적 부담감을 떨쳐버리지 못한 채 필롯슨과의 결혼이 여전히 유효하다고 생각해왔기 때문이다.

사실 필롯슨이 이혼을 하지 않으려고 결심만 하면 수는 이혼할 수 없었다. 1857년 이혼법에 따르면 남편은 부인이 간통만 하면 이혼할 수 있었지만 부인은 남편이 간통 외에도 근친상간, 중혼, 강간, 유기, 잔혹 행위 등의 범죄를 범해야만 이혼을 청구할 수 있었다. 따라서 수가 이혼을 청구할 방법은 없었던 것이다.

주드가 수의 내면적 고통을 이해하지 못하고 있음이 또 한 번 드러난다. 그는 수가 정식 결혼이 가져올지 모를 부작용을 두려워하는 말을 하자 그녀의 심리 상태를 헤아리지 못한 채 그녀를 동물적인 욕망이 없는 환상과 같은 육신 없는 존재라고 말한다.

주해와 중요어구

<5장>

- 인용된 시: 브라우닝의 시 「조상과 흉상」(*The Statue and the Bust*)에서 발췌. (188)
- Temperance Hotel: 알코올이 제공되지 않는 여관. temperance는 금주를 뜻함. (189)
- "the shadowy third": 브라우닝의 시 「화롯가에서」의 한 구절. (190)
- from whom neither length nor breadth, nor things present nor things to come, can divide me: 로마서 8장 38-39절. (191)
- a lady, at any rate, that wasn't you by no manner of means—jest as med be with you now: 그 부인은 절대 당신은 아니었다. 이는 당신이 지금 여기 있는 것만큼이나 확실하다. (192)

<6장>

- monitor: teacher's assistant. 조교. 엄격히 말하면 고학년 학생. (195)
- cheap-jacks: traveling hawkers who claimed to offer great bargains. 염가 판매상. (196)

제5부 올드브릭험과 그 밖의 다른 곳에서. 1장-5장

줄거리

필롯슨과의 이혼이 확정되고 주드와 아라벨라의 이혼 결정이 났음에도 불구하고 수는 주드와 연인처럼 지내자면서 결혼을 하지 않겠다고 고집한다. 주드는 성당의 석공 일보다 급이 낮은 묘비 제작일을 하게 된다.

아라벨라가 찾아오자 주드를 빼앗길 것이 두려워진 수는 그에게 결혼을 약속하고 성관계를 허용한다. 호주에서 만난 남자인 카틀렛(Cartlett)으로부터 결혼하자는 편지를 받은 아라벨라는 이튿날 찾아온 수에게 주드와 가능하면 빨리 법적으로 결혼을 마무리 지으라고 충고한다.

아라벨라를 만난 후 법적 결혼을 저속한 제도라고 생각하게 된 수는 교구 서무계원 집에 당도했을 때 법적인 제약 때문에 일어나는 일들이 두렵지 않느냐면서 결혼을 미루자고 한다. 그러나 아라벨라가 주드의 아들이라며 보낸 파더 타임을 본 수는 동정심이 생겨 그 아이를 위해 법적 결혼을 하기로 마음을 바꾼다.

선조의 불행한 결혼과 교수형에 대한 옛 이야기를 에들린 부인에게서 우연히 듣게 된 데다가 혼인 등기소의 숨 막히는 절차와 천박한 분위기에 질린 수는 차라리 교회에서 결혼하겠다고 주장함으로써 혼인 절차를 마무리 짓지 못한다. 교회에 가서도 결국 둘은 결혼하지 못한다.

해설

1장에서는 법적으로 묶어놓는 결혼 제도에 대한 수의 거부감이 잘 드러나 있다. 쇳덩어리 같은 계약이 서로에 대한 애정을 식게 할 것이며 정부의 인가 하에 주드의 보호를 받도록 계약이 되고 한 집에서 살면서 주드의 사랑을 받도록 허가받는 순간 그를 두려워하기 시작할 것이며 이는 무섭고도 추한 일이라고 수는 말한다. 두 남녀가 가정이라는 폐쇄된 공간에서 평생 서로를 변함없이 사랑할 것을 강요하는 결혼 제도가 남녀의 자발적인 애정을 사라지게 만들 뿐 아니라 성적 종속을 초래한다는 점에서 비합리적이라는 것이다. 수는 더 나아가 결혼을 좋아하는 여자는 거의 없고 단지 결혼이 주는 위엄과 사회적 이득 때문에 결혼하는 것이라는 견해를 피력한다. 수는 주드가 깎은 묘비 비석에 글자를 칠하는 일을 하며 그의 경제적 짐이 되지 않으려고 하는데 이는 경제적 독립을 추구하는 신여성다운 행동이라고 볼 수 있다.

1장에서도 궁지에 몰리면 자책을 하여 상대방이 비난을 못하도록 만드는 수의 행동 패턴이 나타난다. 가령 애정 고백을 받으려 하면 장어처럼 빠져 나간다는 주드의 비난에 수는 스스로를 완고하고 고집 센 나쁜 여자라고 자책하면서 더 이상의 힐난으로부터 자신을 방어한다.

2장에서 아라벨라는 남편으로부터 버림받게 되면 법에 호소하거나 물건이라도 지키는 것이 도움이 된다면서 하루 속히 법적인 결혼을 매듭지으라고 수에게 충고한다. 사실 당시에 결혼은 경제적으로 남성에게 의존하고 법적으로 아무런 권리를 행사할 수 없었던 여성이 스스로를 지킬 수 있는 최선의 방법이기도 했다. 아라벨라의 모습에서는 늘 현실적인 생존 방법을 염두에 두고 결혼을 거래로 여기는 세속적이고 현실적인 면을 찾아볼 수 있다.

주드는 아라벨라가 더 이상 그의 아내가 아니라고 말하는 수에게 자신과 수가 법적으로든 실질적으로든 일심동체가 되지 못한 상황에서라면 한때 아내였던 아라벨라가 지금도 여전히 자기 아내라고 말한다. 이렇게 수를 압박하여 주드는 결국 그녀로부터 육체적 결합을 얻어낸다. 법적 결혼을 완강하게 거부했던 수의 입장은 아라벨라의 등장이라는 구체적인 현실에 봉착하자 어이없게도 순식간에 무너진다. 관능적인 아라벨라를 보자 시기심에 휩싸인 수는 주드를 빼앗길지 모른다는 위기감에서 육체관계를 허용해버리는 것이다. 이때 수의 새 이미지가 다시 나타난다. 주드에게 육체적 결합과 법적 결혼을 약속한 후 "작은 새가 마침내 붙잡혔다"고 평하는 수에게 주드는 "단지 둥지를 찾았다"고 응수한다(210).

3장에서 아라벨라가 주드의 아들이라며 보낸 파더 타임은 눈이 큰 아이로 창백하고 진지하며 세상 풍파를 다 겪은 어른과 같은 분위기를 풍긴다. 앞으로 주드 집안에 재앙을 몰고 올 그는 "소년으로 변장한 세월"로서 그들의 집에 "느릿한 기계적인 발걸음"을 옮기는 것으로 묘사된다(217).

파더 타임은 수의 모성애를 자극한다. 수는 그녀를 엄마라고 부르는 그를 위하여 법적 형식을 갖춘 결혼을 하기로 마음을 바꾼다. 그러나 다른 한편 막상 주드를 닮은 아이를 보며 수는 질투를 한다. 이에 주드는 수가 성이 없는 존재라고 했던 모든 말을 취소한다고 답한다. 이로써 주드 스스로 인정하듯이 수에 대한 그의 생각이 잘못되었음이 판명된다.

4장에서 수는 법적으로 결혼하려고 문 앞까지 갔다가는 뒷걸음질치기를 계속하여 주드와의 결혼을 무기한으로 미룬다. 수의 의사를 따르기로 한 주드 역시 결혼에 확신을 갖고 있지 못함을 알 수 있다. 그런데 두 사람이 정식 결혼을 포기하는 이유는 각기 다르다. 주드는 자신들이 남들과 달리 무섭도록 예민한 사람들이어서 구속적인 결혼제도에 잘 적응하지 못한다고 본다. 반면 수는 두 사람이 별나거나 예외적인 것이 아니고 누구나 자기들처럼 생각하기 시작했으며 다만 두 사람이 조금 앞섰을 뿐이라고 반박한다.

여성 뿐 아니라 남성도 희생물로 보는 주드의 시각이 드러난다. 신부가 든 꽃이 제물로 바쳐지는 암소를 치장하는 화환 같다는 수의 말에 주드는 남자 또한 또 하나의 희생자이며 그에게 가해지는 시련을 여자에게 어쩔 수 없이 전달할 뿐이라고 반박한다. 결혼 제도에서 남자를 수혜자로 여기는 수에게 남자도 여자와 마찬가지로 희생당하는 공동 운명임을 강조하는 것이다. 수는 주드의 말에 동의하며 남녀가 합심해서 공동의 적인 강압에 맞서야 한다고 말한다.

과거와는 달리 현대에 와서 결혼이 어려운 문제가 되었음이 부각된다. 결혼을 못하고 돌아온 주드와 수에게 에들린 부인은 자기 젊을 때는 결혼을 두려워하지 않고 단지 구슬게임 정도로 생각했다면서 과거와 현재를 대비한다.

주드와 수가 혼인등기소로 향할 때 자욱하게 뒤덮인 안개는 미래의 불확실성과 확고한 결정을 내리지 못한 그들의 혼돈된 심리 상태를 상징한다. 안개 이미지는 이후에도 반복적으로 나타난다.

주해와 중요어구

<1장>

- Aldbrickham: 버크셔(Berkshire) 주에 있는 리딩(Reading)이라는 산업 도시를 모델로 하고 있다. (201)

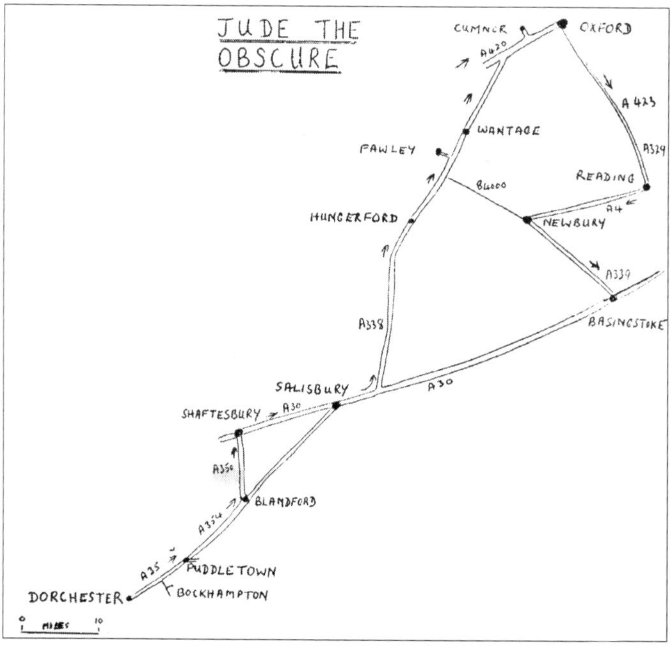

리딩의 지리적 위치를 알 수 있는 지도

- 인용문 "Thy aerial part, ...in the compound mass the body': 로마 황제이자 철학자인 마르쿠스 아우렐리우스 안토니우스(M. Antonius)의 『명상

록』을 롱(Long)이 번역한 글(1862)에서 발췌.

- decree *nisi*: a provisional legal permission to divorce. 잠정적 이혼 판결. (202)
- absolute: 영국 법에 따르면 법원의 이혼 명령은 여섯 달 동안은 잠정적이지만 그 사이 이혼을 반대하는 명분이 없을 경우 '확정'된다.
- Nemesis: 인과응보적인 정의와 징벌의 고대 그리스 여신. (204)

<2장>

- danced attendance on you: 비위를 맞췄다. (209)
- banns: 결혼하겠다는 사실을 교회에 공지하는 것. 법적으로 결혼예고는 일요일에 3주 연속 예고된다. 결혼을 반대하는 사람이 있으면 그 기간 동안 알리도록 하기 위함이다. (210)
- spliced: married. (속어) (211)
- noddle: head. (속어) (212)
- oneyer: without a husband, individualist. 독불장군을 의미하는 듯함.
- sojer: soldier. (방언)

<3장>

- Via Sacra: 고대 로마에 있었던 길. (213)
- Octavia: 아우구스투스(Augustus) 황제의 여동생이자 마르쿠스 안토니우스(Mark Antony)의 아내.
- Livia: 아우구스투스의 아내인 리비아.
- Aspasia: 아스파시아. 페리클레스(Pericles)의 애인으로 유명한 지성인이다.
- Praxiteles: 그리스의 조각가인 프락시텔레스.
- Phryne: 프락시텔레스의 유명한 조각품인 크니더스(Cnidus)의 아프로디테(Aphrodite)상의 모델.
- 인용된 시: 토마스 캠벨(Thomas Campbell, 1777-1844)의 「노래」(*Song*)에서 발췌. (214)
- "Let the day perish ... There is a man child conceived!": 욥기 3장 3절. (216)

- vouchsafing: condescending 친절하게도 ~하는.

<4장>

- Melpomene: 그리스 신화에 나오는 비극을 다스리는 뮤즈. (220)
- “for what man is ... another man take her.”: 신명기 20장 7절. (약간 부정확하게 인용됨.) (221)
- Rubric: 「일반기도서」(*The Book of Common Prayer*)에 나오는 교회 의식을 주관하는 지침서.
- vitty: fitting, proper, exact. (방언) (222)
- the house of Atreus: 그리스의 전설에서, 아트레우스 집안은 저주를 받아 많은 재앙이 들이닥쳤다고 한다. 이 이야기는 에스킬러스(Aeschylus)의 비극 삼부작 『오레스테이아』(*Oresteia*)의 주제가 된다.
- the house of Jeroboam: 하느님이 말하기를, “나는 예로보암의 집에 인도하겠다”고 하였다. 구약 열왕기상 14장 10절.
- ‘Royal-tower’d Thame’: 밀턴의 시 「하계수련회에서」(*At a Vacation Exercise*) 발췌. (223)
- be on our tack: doing the same as us. 우리와 똑같이 하다. (224)
- 인용문 “Shapes like our own selves hideously multiplied”: 셸리의 「이슬람의 반란」에서 발췌. (225)
- ‘the garland which decked the heifers of sacrifice in old times’: 키이츠(John Keats)의 「그리스 항아리에 부치는 노래」(*Ode on a Grecian Urn*)을 상기했던 것 같다. 하디는 “암소가 하늘을 향해 음매하고 울고/ 비단 같은 옆구리는 화환으로 장식되다”라는 시행을 생각해낸 듯하다. (226)
- sakes if tidden: Heaven’s sake if it is not. 이건 아니다. 조바심이 날 때의 감탄사. (방언)
- a game o’ dibs: 조약돌이나 양의 뼈를 사용하는 어린이들의 놀이. (방언)

제5부 올드브릭험과 그 밖의 다른 곳에서. 5장-8장

줄거리

5장 시작 첫 부분에서 서술자는 앞 장에서의 법적 결혼 문제로부터 짐짓 거리를 둔다. 감정과 행위를 기록하는 연대기 작가는 앞에 기술한 심각한 문제에 대해 자신의 개인적인 견해를 반드시 적어야 할 필요가 없다는 것이다. 그러면서 서술자는 과거를 나타내는 'used to'와 현재형을 사용하여 스토크 베어힐즈(Stoke-Barehills)의 과거와 현재의 모습 및 정경을 대조한다. 현재는 마차 대신 기차가 다니는 시대가 되었고 현대식 건물은 옛 건물이 있는 광경에 침입자처럼 보인다는 것이다.

갑작스러운 파더 타임의 등장 후 주변 사람들이 수근덕 거리기 시작하자 수와 주드는 며칠 간 어디론가 떠났다가 돌아와 그들이 법적으로 결혼했음을 사람들에게 간접적으로 알린다. 하지만 사람들의 반응은 더 싸늘해진다. 시골 교회의 십계명을 새기고 보수하는 작업을 하던 중 청소부가 수를 알아보는 바람에 주드는 해고되고 그들은 이곳을 떠나기 위해 가재도구를 경매에 붙인다.

2년 반의 시간이 흐른 후 바자회에서 과자를 팔던 수는 검은 상복을 입은 아라벨라와 마주친다. 아라벨라는 수의 곁에 있던 파더 타임이 자신의 아이라고 말한다거나 수가 왜 장사를 하고 있는지 물어서 수를 당황하게 만든다.

주드를 다시 차지하기로 작정한 아라벨라는 우연히 필롯슨을 만나 수와 주드의 근황을 알려주며 과거에 수를 떠나보낸 것은 잘못한 행동이었다고 말한다. 수에게서 과부가 된 아라벨라가 알프레드스턴으로 돌아왔다는 소식을 들은 주드는 크라이스트민스터로 다시 돌아가기로 결정한다.

해설

웨섹스 농업박람회에서 주드와 수의 행복했던 한 때가 서술자의 관찰자적 관점과 아라벨라의 시점을 통해 그려진다. 주드와 수는 눈빛과 움직임만으로도 서로의 의사를 전달하는데 충분한 것 같은 "완벽한 상호 이해"(229) 속에서 그들이 만든 '크라이스트민스터의 카디널 대학' 모형과 꽃 사이를 둘러본다. 거의 땅을 밟지 않고 있는 듯 새와 같이 발걸음이 가벼운 수의 모습과 그녀와 완벽하게 공감한다는 사실을 자랑스러워하는 듯한 주드의 모습은 "단 하나의 두 부분"(229)으로 보인다. 그러나 아라벨라는 주드와 수가 결혼한 사이가 아님을 예리하게 간파해낸다. 아라벨라가 보기에 주드는 수에 매혹되어 그녀를 마치 요정처럼 대하지만, 사랑이 무엇인지를 잘 모르는 수는 주드가 그녀를 사랑하는 만큼 그를 사랑하고 있지 않다.

농업박람회에서 파더 타임이 우수에 차서 장미가 곧 시들어버릴 것임을 지적하는 것은 수와 주드의 행복이 곧 시들해질 것임을 전조한다.

6장은 앞장의 즐겁고 행복했던 모습과 강하게 대비되면서 앞으로 주드와 수에게 닥칠 불행한 앞날을 예고하고 있다. 수는 경매 때 도살꾼에게 팔린 새를 몰래 풀어준다. 수는 이후 필롯슨과 재결혼하여 새장에 자발적으로 갇힌다는 점에서 그녀가 자신의 상징인 새에게 날아갈 수 있는 자유를 준다는 사실은 아이러니하다.

법적으로 결혼하지 않은 채 동거한 사실 때문에 주드가 교회 보수 작업장에서 해고당할 뿐 아니라 기능공 상호발전협회 위원직에서도 사퇴해야만 한다는 것은 당시 사회의 관습적인 태도가 얼마나 엄격했는지를 잘 보여준다.

한때 대학 진학과 설교사가 되려는 꿈을 품었던 주드는 이제 어릴적 메리그린에서 대고모 밑에서 했던 빵 굽는 일로 생계를 꾸려나갈 정도로 운세가 기울었다. 우연히 수를 만난 아라벨라는 파더 타임을 자신과 주드 사이에서 태어난 아이라고 과감하게 말하고, 크라이스트민스터 모양의 케이크를 보고서는 주드가 아직도 크라이스트민스터를 잊지 못하고 있느냐며 비꼬는 등 직선적인 성격을 드러낸다.

수 역시 크라이스트민스터의 대학 모양을 한 과자를 구어 파는 주드에 대해 "크라이스트민스터는 그에게 고정된 비전"(246)이어서 그는 결코 그 믿음에서 벗어나지 못할 것이라고 평한다. 그녀는 크라이스트민스터의 실상이 주드가 생각하듯 드높은 사고의 중심지가 아니라 단지 소극적으로 전통에만 순응하는 평범한 교사들의 둥지라고 혹평한다.

8장에서 아라벨라는 여자의 복종을 강요하는 잔인한 자연의 법칙이 성서에도 명시되어 있다고 말하며 필롯슨으로 하여금 수를 되찾고 싶은 마음을 갖도록 부추긴다.

주해와 중요어구

<5장>

- freeholder: property owner subject to local tax. 지방세를 내야 하는 자유소유권 보유자. (227)
- scot and lot: 지역공동체 구성원 각자의 능력에 따라 부과된 시민세. 중세 도시에서 집을 보유한 사람들에게 부과되었고 이 세금을 낸 사람들은 시민권(franchise)을 갖게 되었다.
- the shilling day: 행락 및 여가를 즐기는 날. (228)
- excursion trains: 하루 여행을 원하는 행락객들을 위해 정규 시간과는 별도로 운행되는 열차.
- Sakes alive!: 이런 일이 있다니!
- middling: 미지근하게. (방언) (230)
- baffle: inconclusive or puzzling reply. 혼동스러운 대답. (234)
- one of your Christminster luminaries: 지적, 도덕적으로 훌륭한 선각자. 매슈 아놀드를 지칭한 듯함.

푸긴(Pugin)이 디자인한 톨부쓰 커크. 고딕식 건축물로 스코틀랜드 에든버러에서 가장 높은 탑이다.

<6장>

- over-restoration: 고딕 부흥운동에 대한 하디의 조롱. 당시 교회는 '중세'적인 모습을 풍기기 위해서 종종 외관을 허물고 재단장을 하는 일이 허다했다. (236)
- the utensils of Christian grace: 성찬식 때 사용되는 용구.
- first Table: 모세의 「십계명」(decalogue)의 처음 부분으로 첫 다섯 개의 십계명이 들어 있다.
- Communion table: 성찬(Eucharist)이나 성스러운 예식이 거행되는 곳. (238)
- curious voot: 이상한 발. 악마는 전통적으로 염소처럼 갈라진 발로써 자신을 드러내는 것으로 알려져 있다. voot: foot. (방언)
- Agnostics: 불가지론자들. 1870년경 헉슬리(T. H. Huxley)가 만든 조어. (239)
- Pugin: Augustus Pugin(1812-1852). 고딕 부흥운동을 강력히 주창한 건축가. 고딕 부흥운동은 중세주의를 모방하기 위해 르네상스 양식을 고딕 양식으로 대체하고자 했던 운동이다. (241)
- Wren: Sir Christopher Wren(1631-1723). 고전 양식으로 많은 교회와 건물을 고안한 인물이다.
- "done that which was right in our own eyes": 사사기 17장 6절의 "every man did that which was right in his own eyes"를 반영하고 있음. (244)

<7장>

- chapel: 비국교도들의 교회. church와 구별된다. (244)
- above any business almost, leave alone keeping a standing: 장사할 사람이 아니다. 이런 진열대 놓고 장사한다는 것은 더욱이 생각할 수 없다. (246)

<8장>

- chaw high: 잘난 척 하다. (방언) (250)
- Then shall the man be guiltless; but the woman shall bear her iniquity: 남자는 죄가 없게 하고 여자가 죄짓게 하라. 구약 민수기 5장 31절. (251)
- false quantities: 그리스어와 라틴어에서 장모음과 단모음, 장음절과 단음절 사이에서 일어나는 혼동. (252)

제6부 다시 크라이민스터에서. 1장-2장

줄거리

크라이스트민스터로 돌아온 주드와 수는 마침 거행되고 있던 대학교의 기념일 행사를 구경하다가 늦게서야 숙박할 곳을 물색한다. 간신히 방을 하나 얻지만, 수가 주드와 실제로 법적 부부관계에 있지 않다는 사실을 밝혀버리는 바람에 여관 주인으로부터 다음 날 방을 비워달라는 통보를 받는다.

삶이란 고통이자 역경이고 아이의 출생은 부모의 희망과는 무관한 자연법칙에 따른 것이며 곧 아이가 태어날 것이라는 수의 말을 들은 파더 타임은 이튿날 동생들을 모두 목매달고 "우리가 너무 많아서요"(264)라는 쪽지를 남긴 채 자신도 목을 매어 자살한다. 장례식 후 수는 사산을 한다.

해설

주드는 크라이스트민스터의 군중 앞에서 비록 자신은 "볼품없는 희생자에 불과"(256)하지만 자신의 실패는 세속적인 의미에서의 실패일 따름이라고 역설한다. 그는 또한 사회 구도가 어딘가 잘못된 것 같다며, 사회의 고정 관념이나 혼돈스러운 원칙을 따르기 보다는 자신의 성향이나 판단에 따라 행동하며 살아가겠다고 말한다.

주드가 연설하는 장면은 그에게 몰아닥친 구체적 현실, 즉 크라이스트민스터에 대한 꿈의 좌절, 수와의 관계 때문에 그에게 가해진 사회적 관습의 압력, 그리고 그것과 맞물린 경제적 궁핍과 병마 속에서도 그가 의연히 삶에 대한 강한 의지를 갖고 있음을 보여준다.

도시의 즐거운 축제 분위기와 주드와 수가 방을 구하는데 어려움을 겪는 상황이 대비된다. 파더 타임은 모두가 축제 분위기에 들떠있는 날을 심판의 날과 같다고 평하는데 이는 그들에게 곧 닥칠 비극을 전조한다. 대학의 학장들과 새로 배출된 박사의 행렬이 원형강당으로 들어간 후 밖에 있는 주드가 들을 수 있는 것은 '움'과 '이부스' 같은 단어뿐이다. 주드가 말하듯 그는 영원히 대학 사회에 낄 수 없는 아웃사이더인 것이다.

2장은 수가 여관 방 유리창을 통해 바깥의 크라이스트민스터 대학을 보면서 주드가 아직도 대학의 냉담한 부정의 소리를 듣지 못한 채 꿈에 얽매여 있음을 안타까워하는 것으로 시작한다. 수가 생각하기에 대학은 4세기에 걸쳐 암울과 아집 그리고 부패를 투사하고 있다.

사회적 관습과 경제적 궁핍의 이중 압박 하에서 수는 그들이 방을 구하는데 어려움을 겪는 것은 아이들 때문이고 아이들의 임신과 출산 문제는 불가피한 자연 법칙에 의한 것이라고 설명한다. 그런데 아이들의 임신과 출산은 여성이 하는 역할이다. 그렇다면 수의 말에는 여성이란 불가피한 자연법칙에 좌우되는 인물이라는 의미가 함축되어 있다고 볼 수 있다. 따라서 관습과 통념을 거부하는 자세를 보이던 예전과 달리 이제 수는 적극적이고 자유롭게 선택하려는 의지를 상실한 채 관습적으로 인정되어 온 여성관에 굴복해버리고 말았음을 알 수 있다.

거처할 곳을 찾지 못한 불안한 상태에서 수의 직설적인 말은 한 아이로서는 도저히 수용하기 어려운 충격을 주고 그를 극단적인 상황으로 내몬다. 직설적인데다 신중하지 못한 수의 성격이 비극적 참상을 유발하는 한 원인이 된다고 할 수 있다. 아이들의 죽음 장면은 주드와 수에게 닥치는 고통스러운 일상사의 연장인 것처럼 감정이 섞이지 않은 객관적인 어투로 담담하고 평이하게 하나의 서술로 전달된다.

주드와 수가 아이들을 잃고 절망에 빠져 있을 때 밖에서 두 목사가 성찬식에서 사제가 동쪽을 향할 것인지 혹은 서쪽을 향할 것인가에 관해 논쟁하는 소리를 듣고 주드는 모든 창조물이 고통으로 신음하는 때에 이 논쟁이 얼마나 무익한 것인지 한탄한다. 이 대목에서는 의식과 형식에 치중하는 고교회파에 대한 비판이 담겨 있다.

자신과 주드의 관계가 모세 율법에 어긋난 잘못된 결합이었다고 생각하게 된 수는 외부의 어떤 힘이 자신에게 금지 조항을 나열하고 있다는 환상에 사로잡힌다. 수는 자연이 자신에게 준 본능 속에서 즐거워야 하는 것이 자연의 의도이고 법칙이며 존재이유인데, 운명이 그 본능을 좌절시켰다면서 자연을 말 그대로 받아들인 자신이 바보였다고 말한다. 이는 앞으로 그녀가 법에 따라 살 것임을 암시한다.

주해와 중요어구

<1장>

- epigraph: 에스더 14장 2절. 에스더는 성경의 성서외전의 하나이다. 외전은 신교도가 구약성경에서 제외한 14편을 가리킨다. (253)
- 'There are ... darkness here.': 브라우닝의 시 「너무 늦었어」에서 발췌.
- Remembrance Day: 옥스퍼드 대학에서 학년말을 기념하여 해마다 한번 열리는 기념일 행사. 하디는 1893년 6월에 옥스퍼드에서 이 기념행사를 보았다.
- get a house over our heads: 방을 먼저 구하다.

- porch: 대학 성당인 성 메리의 주랑. 이 주랑은 17세기에 이태리 스타일로 만들어졌다. (254)
- theatre: the Sheldonian 셀도니언 강당.
- blood-red robes: 박사학위 보유자의 진홍색 의상. 하디가 죽은 후 그의 시신은 케임브리지 대학이 수여한 진홍색 명예박사학위 의상으로 덮였다고 한다.
- the Lycaonians at Paul: 리카오니아 사람들은 사도 바울이 행한 기적을 목격하였다. 사도행전 14장 5-11절. 마치 리카오니아 사람들이 한때 성 베드로를 숭배하고 싶어한 것처럼 잠시 군중들은 주드를 찬탄한다. (255)
- "for who knoweth what ... under the sun?": 전도서 6장 12절. (약간 생략된 채 인용됨). (257)
- pa'sons: 돈을 받고 설교하는 목사를 지칭하는 경멸투의 말.
- He is evidently come up to Jerusalem to see the festival: 누가복음 2장 41-42절. 예수가 12살 때 부모와 함께 예루살렘에서 열린 유월절 축제에 참가하러 갔던 얘기를 염두에 둔 언급이다. (258)
- from Caiaphas to Pilate: from bad to worse. 유대교의 가야바(Caiaphas) 대제사장은 예수를 재판한 후 로마의 총독인 빌라도에게 넘겼고 빌라도가 예수를 십자가에 못 박는다. 마태복음 26-27장. 따라서 이 구절은 나쁜 상황에서 더 나쁜 상황이 되었음을 의미한다. (259)

<2장>

- Sarcophagus College: sarcophagus는 돌로 된 석관을 의미한다. (261)
- Rubric College: 루브릭 대학. rubric이 옛날에는 붉게 썼으나 지금은 이탤릭체로 표시하는 예식 규정을 의미한다는 점에서 이 가상의 이름은 상징적인 의미를 갖는다.
- "We are made ... and to men!": 고린도전서 4장 9절. (265)
- arguing about the eastward position: 19세기에 성찬식을 거행할 때 성직자의 얼굴이 동쪽으로 향해야 하는가 아니면 서쪽으로 향해야 하는가에 관하여 성직자들 사이에 격렬한 논쟁이 있었다. 이때 동쪽으로 얼굴을

돌리는 것은 회중에게 등을 돌리는 것을 의미한다.

- all creation groaning!: “The whole creation groaneth”: 로마서 8장 22절.
- ‘Things are as they are, and will be brought to their destined issue’: 에스킬리스(Aeschylus)의 비극『아가멤논』(*Agamemnon*)의 코러스 65행. (266)

제6부 다시 크라이민스터에서. 3장-5장

줄거리

율법에 어긋난 주드와의 관계 때문에 벌을 받았다고 생각하게 된 수는 아라벨라의 방문에 더욱 자극받아 자신의 남편은 필롯슨이고 아라벨라의 아이가 자신의 아이들을 죽인 것은 의로운 자가 불의에게 가한 신의 심판이라고 말한다. 두 사람의 결혼이 ‘자연의 결혼’이라는 주드의 말에 수는 “하늘의 결혼”은 아니라며 주드와 함께 살지 않겠다고 선언한다(276).

아라벨라는 필롯슨에게 수가 주드와 별거중이며 하느님과 교회의 관점에서는 아직도 필롯슨의 아내라고 말한다는 소식을 전한다. 수와 주드가 헤어질 수 없을 것이라는 길링엄의 견해에도 불구하고 필롯슨은 수에게 엄격한 어조로 자기와 합치는 것이 좋겠다는 편지를 보낸다. 그를 떠나겠다는 수에게 주드는 따지기도 하고 간청하기도 하지만 그녀의 결심을 꺾지는 못한다. 그들은 아이들의 묘지에서 작별인사를 한다.

자유의지임을 분명히 하기 위해 마중 받지 않은 채 홀로 메리그린의 필롯슨 집에 간 수는 짐을 정리하다가 자수를 놓은 화려한 잠옷을 보고는 놀라며 그것을 찢어버린다. 주드를 위해서 샀던 것이니 없애버려야 한다는 수의 말에 에들린 부인은 수가 아직도 주드를 잊지 못하고 있음을 눈치 채고 필롯슨을 찾아가 수와의 결혼식을 해서는 안 된다고 말한다. 이 말을 들은 필롯슨은 잠시 고민하지만 이제는 돌이킬 수 없다는 길링엄의 충고에 결혼식을 강행하기로 결심한다.

해설

주드와 수의 대화를 통해 서술된 3장에서는 아이들의 죽음 후 주드와 수의 관점이 뒤바뀌었음이 부각된다. 자신이 죄인이라는데 강박적으로 집착하게 된 수는 주드에게 이제까지 육체관계를 맺으면서 살아온 주드와의 관계가 자기 즐거움을 위한 헛된 시도였다면서 자기포기만이 보다 높은 차원의 길이고 육체를 억제해야 한다고 말한다. 수의 내면에 숨어있던 성에 대한 억제가 성 본능의 완전 부인으로 극단적으로 강화된 것이다. 성 본능에 대한 부정은 살고자 하는 적극적인 의지를 상실하게 만든다. 이제 그녀는 스스로의 운명을 조정할 힘마저 상실한 채 자포자기에 이른다.

아이들의 죽음은 분노한 신이 그녀에게 복수하기 위해 벌을 내린 것이므로 이제라도 인습적 종교의 신에 순응해야만 한다고 수는 주장한다. 이제 그녀에게 중요한 것은 인습적인 종교의 묵인을 받아온 법적 결혼제도와 형식이다. 수는 과거에 필롯슨과 결혼식을 올렸으므로 지금도 그에게 속한다고 주장한다. 필롯슨과의 결혼이 파기될 수 없는 것이라는 그릇된 신념에 빠져든 수는 사일러스(Silas) 교회를 다니기 시작하는데 이곳은 옥스퍼드 운동의 중심지였다. 이 사실은 수가 인습적인 종교의 묵인을 받아온 법적 결혼이라는 제도와 형식에 굴복해 버리고 말았음을 의미한다. 열정적이지 못하고 그를 사랑하지도 않았다는 주드의 비난에 수는 주드에 대한 이제까지의 자신의 감정과 그 변화를 솔직하게 정리해준다. 처음에는 자기 가슴은 아프지 않고 주드의 가슴만 아프게 하려는 이기적이고 잔인한 욕망을 가졌었지만 아라벨라가 나타났을 때 그녀에 대한 질투심 때문에 그를 사랑하게 되었다는 것이다.

수를 떠나게 해준 선의 때문에 경제적으로나 사회적으로 어려운 상황에 처해있던 필롯슨은 수와의 이혼이 잘못된 근거로 이루어진 것이었다는 점잖은 구실을 대며 수와 재결혼하여 잃어버린 과거의 지위를 되찾겠다는 다소 이기적인 생각을 하게 된다. 그는 그 자신의 목표를 달성하기 위해 수가 바탕이 정직하고 양심에 따라 고지식하게 행동한다는 점과 크라이스트민스터의 정감과 교육에 영향을 받아 결혼의 불용해성을 믿고 있음을 이용한다.

4장에서 서술자는 앞의 2, 3장의 비극에서 한발 물러서서 "수가 이제 그녀의 떼어놓을 수 없는 남편으로 여기고 있는 남자는 아직 메리그린에서 살고 있었다"(279)는 식으로 서술을 전개한다. 이어 필롯슨은 아이들의 비극이 있기 전날 크라이스트민스터에서 수와 주드를 보았고 주말에 '석공 아이들의 이상한 자살'이라는 기사를 보게 되었다고 그의 근황을 정리해준다.

수가 필롯슨과 다시 결혼하기로 했다면서 주드도 아라벨라를 다시 아내로 받아들이라고 말하기 위해 별거중인 주드를 찾아온 때는 안개 낀 날이다. 여기에서 안개는 제 정신을 잃고 혼돈스러워진 수의 내면상태를 상징한다. 안개가 자욱하다가 비로 바뀌는 날씨는 오로지 참회하기 위해서 자포자기 상태에서 사랑하지 않은 필롯슨에게 되돌아가는 수의 비참하고 절망적인 심정을 상징한다. 아이들은 그녀에게 어떻게 살아야 하는지를 가르쳐주기 위해 희생당한 것이라면서 차라리 잘되었다고 말하는 수의 모습은 그녀가 제 정신을 잃고 교리에 매몰되어 버렸음을 보여준다. 주드와의 추억이 담긴 잠옷을 저주받은 물건이라며 찢어버리는 행위는 그와의 관계를 부정하고 싶어 하는 수의 심리를 드러낸다.

수는 주드와의 작별의 장소로서 아이들의 묘소를 택함으로써 그의 슬픔과 고통을 가중시킨다. 이 행위는 그녀가 병적으로 종교 교리에 매몰되어 자신의 감정에 탐닉하고 있음을 시사한다. 필롯슨과의 결혼식에서 수의 모습은 전보다 더 작아 보인다고 묘사되는데, 이는 그녀가 본능적 열정을 억누른 결과 육체가 위축되어 있음을 상징한다.

주해와 중요어구

<3장>

- my sensitive plant: 「민감한 화초」(*The Sensitive Plant*)는 셸리 시의 제목이다. (271)
- Still on the same tack: 결국 같은 것이오. tack: 방침.
- Sacerdotalism: 승권지상주의. 성직자는 성직 서임으로 인해 초자연적인 힘을 부여받는다는 믿음. (275)
- let the veil of our temple be rent in two from this hour!: 마가복음 15장 38절. “the veil of the temple was rent in twain”의 인유. (278)

<4장>

- Their cup of sorrow is now full: 마태복음 26-28장 참조. (280)
- Rhadamanthine: 라다맨써스(Rhadamanthus)는 그리스 신화에서 엄격하기로 유명한 지하 세계의 판관 중의 하나임. (282)
- Acherontic: 그리스 신화에서 에커론(Acheron)은 지하 명부에 있는 강으로서 음울함이나 어두움과 연관된다. (283)
- “the world and its ways have a certain worth”: 브라우닝의 시 「조각과 흉상」에서 발췌.
- Charity seeketh not her own: 고린도전서 13장 5절. (284)

<5장>

- fogey: 구식 사고를 하는 사람. (288)
- jined: joined. (방언) (289)
- lily her name connoted: 수의 이름인 수잔나(Susanna)는 히브리어로 '백합'을 뜻한다. (290)
- "saved as by fire": 불 가운데 구원을 얻다. 고린도전서 3장 15절. (291)

제6부 다시 크라이민스터에서. 6장-8장

줄거리

아라벨라는 실의에 빠진 주드를 찾아와 그의 하숙집에 머무르게 해달라고 애원하고, 마음 약한 주드는 거절하지 못한다. 메리그린에 다녀온 아라벨라에게서 결혼식을 올린 수가 그를 잊기 위해서 잠옷을 태워버렸다는 소식을 전해들은 주드는 수를 위해서라면 자신의 영혼이라도 팔았겠지만 그녀는 그렇지 않을 거라고 말하며 비통해 한다. 그렇지만 여전히 수를 가련하게 여기는 그는 절망감에 휩싸여 술집으로 향한다.

계획대로 주드를 술집에서 자기 아버지 집으로 데려오는데 성공한 아라벨라는 연일 술판을 벌여 주드를 술에서 깨어나지 못하게 만든다. 그 다음 그로 하여금 여러 사람 앞에서 그녀와 결혼하겠다는 공언을 하게 하고 결국 다시 결혼하는데 성공한다.

건강이 악화된 주드는 거의 죽어가는 몸을 이끌고 수를 찾아간다. 수는 그를 아직도 사랑하고 있음을 인정하고 아직까지도 필롯슨의 아내로서 살고 있지 않다고 말한다. 비통하게 비난하는 주드의 말에 자극받아 수는 열정적으로 그와 키스하지만 주드가 함께 도망치자고 하자 유혹하지 말라면서 교회로 뛰어 들어가 버린다. 빗소리와 어우러진 주드의 기침소리를 들은 수는 그에게 뛰어나갈까 망설이지만 이내 무릎을 꿇고 귀를 막아 버린다.

해설

아라벨라는 수가 필롯슨만을 유일한 자신의 남편이고 그가 살아 있는 한 하느님 앞에선 다른 누구의 아내도 아니라고 느꼈던 것처럼 그녀 역시 똑같이 느끼고 있다면서 주드의 마음을 자신에게로 돌리려 한다. 속상해서 술을 마시고 있던 주드에게 계획적으로 접근해 그를 취하게 만들어 자신의 집으로 데리고 가는 아라벨라는 자신이 원하는 것을 얻기 위해서는 수단과 방법을 가리지 않는 면모를 보여준다.

7장은 아라벨라가 주드와 정식결혼을 하기 위하여 여러 계략을 꾸미고 실행하는 장면들로 가득 차 있다. 아라벨라는 많은 어려움을 겪었음에도 아직도 명예를 중시하는 주드의 성품과 수를 잃은 괴로움으로 자포자기에 빠진 상태를 잘 이용하여 치밀한 계획 하에 그를 다시 옭아맨다. 다시 한 번 주드는 머리카락이 잘린 삼손에 비유된다. 여자 때문에 비극의 나락에 떨어지는 삼손과 데릴라의 비유는 주드와 아라벨라의 구애 때 술집 벽에 붙어 있는 그림으로 이미 나타난 바 있다.

주드는 아라벨라의 “명예”를 위해 그녀와의 결혼을 선언하는데, 이는 1부 9장에서 그녀의 명예를 위해 결혼하기로 결정했던 대목과 대칭된다. 마지막 부분에서 아라벨라와 결혼한 주드가 “이게 바로 진정한 종교지 뭐겠어. 하 하 하!”(302)라고 내뱉는 말은 상실감 속에 비이성적으로 행동하는 주드 자신에 대한 경멸이기도 하고 종교나 교리에 대한 아이러니에 가득 찬 비꼼이기도 하다.

지나가는 길에 아라벨라 집에서 벌어지는 상황을 우연히 보게 된 팅커 테일러(Tinker Taylor)의 관찰자적 관점을 통해 밤낮 계속되는 술판에서 일어나고 있는 일, 즉 술 취한 주드를 아라벨라가 유혹해 결혼으로 이끄는 모습을 전달한다. 또한 술 취한 주드가 아라벨라와 결혼식을 치르기 위해 나간 사이 정신이 멀쩡한 테일러로 하여금 그 결혼이 상식에서 벗어난 것임을 지적하게 한다.

주드와 아라벨라의 재결혼식은 그 결혼식 장면을 직접적으로 보여주는 것이 아니라 아라벨라 집에 남겨진 사람들의 이런저런 추측과 나중에 결혼식을 마치고 돌아온 아라벨라의 설명으로 대체된다.

비오는 날씨는 희망이 완전히 무너져 내린데서 오는 주드의 절망감을 상징한다. 수를 마지막으로 찾아간 주드가 하는 말은 "문자가 죽인다"(The letter killeth)이다. 이는 작품의 제사이기도 하다. 여기에서 "문자"는 실제의 현실 경험과는 유리된 인습적인 교리와 기독교적 율법의 문자를 상징한다. 수가 인습적인 종교의 묵인을 받아온 법적 결혼제도와 형식에 굴복해 버림으로써 두 사람 모두가 비극을 맞게 되었다는 의미이다. 그런데 고린도후서 3장 6절에서 "the letter killeth" 다음에 나오는 구절은 "The spirit giveth life"이다. 여기에서 "spirit"은 자연의 법과 사랑에 바탕을 둔 남녀관계를 의미한다.

주해와 중요어구

<6장>

- old Fuller in his Holy State: 토마스 풀러(Thomas Fuller, 1608-1661)의 『신성한 국가와 속된 국가』(*The Holy State and the Profane State*)를 지칭함. (296)
- "Though I give my body to be burned, and have not charity, it profiteth me nothing": 나의 몸을 불태우고도 사랑이 없으면 나에게 아무런 유익함이 없다. 고린도전서 13장 3절.

<7장>

- shorn Samson: 머리카락이 잘린 삼손. 구약 사사기 16장 19절. (297)
- sit on till it was late enough, and go and do it off-hand: 늦도록 자지 않고 있다가 즉각 (교회로) 가서 일을 해치우다(식을 올리다). (300)
- Capharnaum: 캐파나움이라는 도시는 크라이스트민스터의 복음에 대한 서술에서 자주 나타난다. 하디는 여기서 아마도 마태복음 4장 16절 "어둠속에 있는 사람들은 큰 빛을 보았다"(The people who sat in darkness saw great light)나, 아니면 11장 23절 "그리고 그대는, 캐파나움, 천당에로 가고, 지옥에 떨어질 것이다"(And thou, Capernaum, which art exalted unto heaven, shall be brought down to hell)를 생각했을 것이다. 주드는 성경 속의 캐파나움이 죄인들이 구원을 일부러 무시하면서 살아가는 곳이었음을 생각해내고 있다.
- W- of Babylon: whore of Babylon. 요한계시록 17장에서 유래한 비속어. 청교도들이 로마 가톨릭을 이렇게 불렀다. 요한계시록에서 바빌론의 창녀는 음탕함과 사치의 상징이다. (301)
- flitch: 돼지고기나 베이컨의 한 부분. 여기서는 뚱뚱하고 육중한 몸집을 가리킨다.

<8장>

- Michaelmas: 미가엘제. 9월 29일. 이 날은 거위(Michaelmas goose)를 먹는 관습이 있다. (303)

제6부 다시 크라이민스터에서. 9장-11장

줄거리

수를 만난 후 크라이스트민스터로 돌아 온 주드는 마중나온 아라벨라와 함께 걸으면서 학자들의 망령을 본다. 처음 그곳에 왔을 때와는 달리 이제 주드는 그들을 존경하지 않는다. 같은 시각 아직도 주드를 사랑하고 있음을 확인한 수는 참회하기 위해 필롯슨에게 주드를 만난 사실을 고백하며 신약성서에 손을 얹고 다시는 주드를 만나지 않겠다는 맹세를 한다.

주드는 에들린 부인으로부터 수가 자유의지로써 필롯슨과 육체 관계를 맺기 시작했다는 소식을 듣고, 한때는 그의 미신을 쓸어버리던 그녀의 지성이 이제는 완전히 사라졌음을 한탄한다. 정신적 고뇌로 인한 자포자기 상태에서 그는 사회 관습에 대해 욕설을 늘어놓는다.

새 남편감을 염두에 두고 축제에 참가하러 아라벨라가 나간 사이 주드는 성경의 욥기를 되뇌이며 외롭고 쓸쓸하게 죽어간다. 장례식 후 아라벨라는 에들린 부인에게 수가 죽기 전까지는 절대 평화를 찾을 수 없을 것임을 예견한다.

해설

수가 필롯슨 앞에서 고백하는 장면은 마치 신부 앞에서 고해성사를 하는 것처럼 그려졌다. 필롯슨은 자신을 받아들여 달라는 수의 애원을 듣고 그녀에게 키스를 한다. 그때 수의 얼굴에는 혐오의 표정이 순간 스치지만 그녀는 이를 악물고 순종한다고 그려진다. 그녀는 자신을 희생하여 사죄받는다는 기분으로 아직도 혐오감을 느끼는 필롯슨과 의

무적인 육체관계를 맺기 시작한 것이다. 이는 자기포기나 자기희생의 극단적인 형태이다. 요즘은 결혼식이 장례식의 분위기를 풍긴다는 에들린 부인의 평에서 드러나듯이 수와 필롯슨의 결혼 생활은 실제적인 의미에서 수의 죽음을 의미한다.

주드는 수의 문제를 그녀만의 문제가 아닌 여성 전체의 문제로 일반화한다. 경험으로 인해 대부분의 남성들의 견해 및 관점은 확대되는 반면 여성들의 견해는 좁아진다는 것이다. 이 대목을 들어 하디의 성차별적인 여성관을 비판하는 평자도 있지만 사실 이 부분은 작가 하디의 견해라기보다는 주드의 견해이다.

죽음 직전의 주드는 살려는 의지를 완전히 상실한 모습이다. 수가 극단적인 상황에 달했음을 전해들은 그는 그녀가 “형식의 노예”(315)가 된 것을 한탄하고 이제는 완전히 체념한 채 삶을 포기하게 된다. 주드의 정신적 고통은 아래층에서 벌어지는 아라벨라와 빌버트 간의 저속한 희롱 장면과 대비된다.

만약의 사태에 대비한다는 아라벨라의 대사에서, 당대 여성들이 처한 불안정한 경제 상황을 엿볼 수 있다. 당시에는 여성이 혼자서 직업을 갖고 살아가기는 어려우며, 남편에게 의존할 수밖에 없었다. 아라벨라가 남편감 찾기에 혈안이 되어 나이 많은 빌버트라도 잡아야겠다고 생각하는 것은 이 때문이다.

작가는 주드의 비극적 죽음 장면을 감정을 배제한 채 객관적인 문체로 서술한다. 또한 집안에서 주드가 죽어가는 장면과, 경박한 아라벨라가 밖에서 축제를 즐기는 장면을 교차시킨다. 물을 건내주는 사람도 없이 외롭고 쓸쓸하게 죽어가는 주드의 처지와, 밖의 화창한 날씨와 함성 소리로 가득찬 축제 분위기가 대비된다. 주드가 입관할 때도 밖에서는 명예박사 학위 수여식이 거행된다. 또한 처절한 자기연민과 자기부정에 빠져 주드가 외는 욥기의 내용, 즉 태어난 것을 한탄하는 비관적인 구절은 유리창을 통해 밖에서 들려오는바, 대학 창립기념일 경기를 환호하는 소리와 병치된다. 이러한 교차 및 병치를 통해 희비극적인 분위기가 조성된다. 씁쓸함과 페이소스를 주는 주드의 죽음 장면은 독자로 하여금 감상적이 되지 않고 일정한 거리를 두고서 그 비극의 의미를 음미하도록 해준다.

주해와 중요어구

<9장>

- Poet of Liberty: 셸리. 하디의 원고를 보면 그는 원래 "서풍의 시인"(the poet of the West Wind)으로 썼다고 한다. 이는 셸리의 유명한 시「서풍부」(*Ode to the West Wind*)를 염두에 둔 것이다. (309)
- Dissector of Melancholy:『우울의 해부』(*The Anatomy of Melancholy*)의 저자인 로버트 버튼(Robert Burton, 1577-1640).
- Walter Raleigh: 월터 롤리 경(1552-1618). 시인이자 군인이며 여행가.
- Wycliffe: 존 위클리프. 14세기 종교 개혁가이며 성서 번역가.
- Harvey: 윌리암 하비(1578-1657). 생리학자로서 혈액의 순환을 발견함.
- Hooker: 리차드 후커(1554-1600). 독특한 성공회 신학을 주창함.
- As Antigone said, I am neither a dweller among men nor ghosts: 소포클레스의 극『안티고네』(*Antigone*) 846-52행에서 발췌. (310)
- sperrit: spirit, ghost. (방언)
- un-ray: undress. (방언) (312)
- jumps: stays, under-bodice. (방언)

<10장>

- the very wind seemed to blow on her with a touch of deference:『햄릿』(*Hamlet*) 1막 2장 141-42행을 연상시킴. (315)

<11장>

- gents: gentlemen. (속어) (321)

THOMAS HARDY

Jude the Obscure

III. 등장인물 소개와 분석

III. 등장인물 소개와 분석

1. 주드 (Jude Fawley)

착하고 인정이 많으며 예민하고 마음이 여리다. 새를 불쌍히 여겨 곡식을 쪼아 먹도록 내버려 두는 것, 돼지의 고통을 덜어주기 위해 빨리 목숨을 끊어주고 죽인 다음에는 살인이나 한 것처럼 고통스러워하는 것, 길을 가다가도 지렁이를 밟지 않으려고 뒤꿈치로 조심조심 걸어가는 것, 덫에 걸린 토끼의 신음 소리를 듣고 밤중에 일어나 빨리 죽게 하여 고통을 감해주는 모습 등이 그 예이다.

그는 술과 여자의 유혹을 쉽게 뿌리치지 못할 정도로 의지가 약하다. 아라벨라가 천박한 여성임을 감지했음에도 불구하고 그녀를 향한 본능적 욕망을 떨쳐버리지 못하고 유혹되어 결국 후회할 결혼을 하게 된다. 수가 필롯슨과 약혼했다는 사실을 알게 되고 대학에 진학할 수도 없게 되었음을 알게 되었을 때 그는 완전한 절망 속에서 술에 빠진다. 나중 수가 필롯슨에게 돌아갔을 때도 술에 취한 상태에서 아라벨라와 결혼하기로 약속한다.

순진할 만큼 이상주의자인 그는 현실적인 인식이 부족하다. 엄청난 노력으로 독학을 하여 상당한 지식을 쌓지만 대학 입학에 대해 실질적으로 미리 알아보고 준비하는 현실적인 대처 능력이 떨어진다. 수가 겪고 있는 고통의 구체적인 성격 또한 이해하지 못한다. 그는 필롯슨과 가까워진 수를 이성으로 대하는 것이 괴로우므로 그녀를 육체적 본능이 없는 신성을 지닌 존재로 생각해버리는 등 구체적인 현실을 직시하고 이에 대처하는 대신 관념적인 태도로 회피해버리는 성향도 보인다.

2. 수 (Sue Bridehead)

수의 이름인 수잔나(Susanna)는 히브리어로 순결을 상징하는 백합을 의미한다. 성(性)인 브라이드헤드(Bridehead)는 처녀성, 순결성, 청순 혹은 신부를 시사한다. 수의 성과 이름은 성을 억누르는 그녀의 태도를 함축하는 것이다. 주드는 수를 육체적인 면이 거의 없는 유령 같은 존재 혹은 정령으로 보지만 실상 수는 건강한 성본능을 갖고 있고 단지 이를 억누르고 있을 뿐이다.

수는 일견 모호하게 보일 정도로 모순되고 다층적인 결을 지닌 복잡한 인물이다. 그녀의 성격은 따뜻한 듯 하면서도 차갑고 열정적이면서도 냉담하다. 그녀 내부에는 홀로 설 수 없는 약함이 잠재되어 있어서 남성으로부터 사랑받고 보호받고자 한다. 주드가 보기에 수는 보살펴 주어야 하는 연약한 어린아이이기 때문에 그는 수의 사랑 유희에 괴롭힘을 당하면서도 그녀를 떨쳐버리지 못한다.

수에게는 일반화하고 추상화하는 경향과 '자연의 법'의 지배를 받는 현실을 애써 외면하려 하는 이상주의적 성향이 있다. 수는 자신만의 세계에 안주할 수 있는 유아기로 퇴행하고 싶은 심리 또한 지니고 있다. 나름의 양심과 원칙에 충실한 수는 경직되고 추상적인 원칙에 따라 자기학대적으로 본능을 억압하는 희생을 하기도 한다.

수는 극도로 예민하고 변덕스러워 보일 정도로 충동적인 모습을 보인다. 자신이 선택한 대로 자유롭게 살아가는 것을 원칙으로 내세우지만 실제로는 불안에 떨며 남성에게 의지하려 한다. 수의 불안감은 이상할 만큼 복잡한 양상으로 표출되기도 한다. 그녀는 비이성적으로 행동하고 진짜 감정을 숨기기 위해 일부러 경솔하고 건방진 태도를 취하기도 한다. 주드에게 그녀는 "종잡을 수 없는 이중적 성격"의 소유자이다. 길링엄은 수를 상대 남성을 애태우며 괴롭히는 변덕스럽고 뻔뻔한 여자로 본다.

수는 표면적인 태도와는 달리 내적으로는 관습적 규범을 전적으로 수용한 채 그것에 따라 판단하고 행동하는 자기모순적인 인물이다. 수는 구체적이고 절박한 경험을 통해 관습에 대한 가치관을 정립한 것이 아니라 당대 진보적 자유주의 사상을 단지 관념적으로만 받아들였다. 때문에 그녀의 진보적 관점은 피상적이고 추상적인 관념 차원에 머물러 있고 자기모순적인 심리적 문제점은 구체적인 현실에 당면했을 때 표면화된다.

3. 아라벨라 (Arabella Donne)

아이러니하게도 그녀의 성(性)은 대학교 선생을 의미하는 'Don(n)'이다. 관능적인 그녀는 일견 육체가 없는 정령 같은 수와 정반대 유형의 인물로 보인다. 수와는 대조적으로 아라벨라는 솔직하게 성적 열정을 표현하고, 양심과 원칙에 따르는 수와는 달리 약삭빠르고 영악스럽게 남을 속이는가 하면 계획적으로 치밀하게 자기이익을 추구한다. 가령 그녀는 수가 떠난 후 절망에 빠진 주드를 유혹해서 그가 명예를 존중하는 점을 이용해 다시 결혼이라는 관습에 그를 옭아맨다.

그녀는 이상주의자인 주드와 수와는 달리, "가난한 사람도 살아야 한다"거나, 혹은 허위 임신으로 주드를 속여 결혼한 후 이 사실을 책망하는 주드에게 "여자라면 누구나 그렇게 할 권리가 있다"라고 말하는 등 체면에 구애받지 않고 실속을 차리는 현실주의자이다.

농업박람회장에서 주드가 수를 마치 요정이라도 되는 양 대하는 태도에서 두 사람이 실질적인 부부관계를 맺고 있지 않다는 사실을 날카롭게 간파해내고, 함께 제작한 크라이스트민스터의 카디날 대학의 모형을 손을 맞잡고 열심히 들여다보는 주드와 수를 바라보며 그들이 현실에 적응하지 못한 어린애 같다고 평가하며, 주드의 죽음 후 앞으로 수는 죽은 것과 다름없이 살아가리라고 예견하는 등 직관력과 통찰력을 보인다.

그녀는 수에게 결혼이란 여자에게 사회적으로 유리한 조건을 갖추는 기회라고 충고하는 세속적인 면 또한 보인다. 자신의 이익을 위해 결혼제도를 철저히 이용하는 아라벨라는 결혼의 아름다운 겉포장이 일으키는 환상을 가차없이 벗겨버린다. 아라벨라에게 결혼이란 남편이 집안의 재산인 가축을 한 번 더 불리는 것이고 아내를 합법적으로 지배할 수 있는 수단일 따름이다. 주드와 두 번, 카틀렛과 두 번 결혼하고, 죽어가는 주드를 방치한 채 만일을 대비해서 늙은 빌버트를 유혹하는 아라벨라에게 결혼은 여성에게 점잖은 외양을 보장해주는 수단에 불과하다.

아라벨라는 전체적으로 어둡고 침체된 분위기 속에 진행되는 이야기에 가끔씩 끼어들어 지극히 현실적인 모습으로 약간의 활기를 돋우는 역할 또한 한다. 그녀의 현실적이고 직설적인 화법은 비극적 이야기 속에서 잠시 비극을 잊게 해주는 코믹 릴리프(comic relief)의 역할을 하기도 한다.

4. 필롯슨 (Richard Phillotson)

수의 남편이고 크라이스트민스터 대학에의 꿈을 품었으며 인습을 벗어나 양심에 따라 행동하려다가 사회로부터 배척당한다는 점에서 필롯슨은 주드의 인생을 반향한다. 그러나 수에게 주드와 함께 살 수 있는 자유를 준 대가로 엄청난 불이익을 당한 후 그는 사회에서 살아남기 위해 필요한 세상사의 교활한 방법을 배우게 된다. 그의 이름이 아놀드가 조롱한 빅토리아 시대의 중산층을 가리키는 '속물'(Philistine)을 시사함은 이 사실에서 연유한다고 할 수 있다.

5. 길링엄 (Gillingham)

주드, 수, 필롯슨을 둘러싼 여러 문제에 대해 일반적이고 상식적인 시각을 제공해준다. 빅토리아조의 보편적인 가치를 대변한다는 점에서 코러스적인 인물이다. 사회적인 평판에 신경을 쓰는 그는 때와 상황에 따라 현실적인 면에서 가장 적절한 충고를 한다. 필롯슨이 아내 수를 주드에게 보내야 할 것인가의 문제로 자문을 구했을 때 길링엄은 수를 잡아두라고 하며, 수가 주드를 떠나 필롯슨에게 돌아올 의사를 비쳤을 때는 여자는 아이를 낳은 사람의 아내가 될 뿐이니 그냥 그 상태대로 내버려두라고 충고한다. 수가 마침내 필롯슨에게 돌아온 후에는 그녀를 다시는 주드에게 보내지 말라고 조언한다.

6. 과부 에들린 (Widow Edlin)

다소 감상적으로 그려진 인물로서 관대한 시골 사람의 모습을 보여준다. 그녀는 필롯슨에게 다시 돌아온 수가 아직도 주드를 사랑하고 있음을 발견하고 주드의 아내로 남아 있어야 한다고 생각하지만 어쩔 수 없는 현실 상황을 그대로 받아들인다. 수와 주드 그리고 필롯슨 사이에서 결혼을 둘러싸고 벌어지는 복잡한 갈등을 보면서 결혼을 어렵게 생각하는 요즈음은 부부가 되는 것도 겁이 난다고 말하는 등 결혼이 더 이상 자연스러운 결합이 되지 못하는 세태를 논평하는 역할을 하기도 한다. 길링엄과 마찬가지로 에들린 부인은 통념적인 관점에서 논평을 한다는 점에서 코러스의 역할을 하는 인물이지만 나름대로의 개성을 지닌 구체적인 개인이기도 한다.

7. 리틀 파더 타임 (Little Father Time)

아라벨라와 주드의 아들로, 창백한 안색에다 놀란 듯한 표정을 띤 큰 눈의 소유자인 그는 웃음이란 잘못 이해할 때 나오는 것이라고 말하는 듯한 굳은 얼굴을 하고 있다. 세상 풍파를 다 겪은 어른과 같은 운명론자적인 분위기를 풍기는 초자연적인 인물이다. 그는 "어린아이로 가장한 노인"으로서 주드와 수가 살고 있는 집에 "느릿한 기계적인 발걸음"을 옮기는 것으로 묘사된다. 비사실적이고 부조리하게 보일 정도로 어느 한 면을 과장되게 부각하는 알레고리를 사용한 인물 형상화의 대표적인 예이다.

8. 드루실라 (Drusilla Fawley)

주드의 대고모로 고아가 된 어린 주드를 보살핀다. 수의 먼 친척이기도 해서 어린 수를 키운 적도 있다. "독특하고" "여자답지 못한" 아이였던 수를 좋아하지 않아 주드에게 수를 가까이하지 말라는 충고를 여러 번 한다. 주드의 폴리 가문이 항상 불행한 결혼 생활을 해왔고 또 그렇게 될 운명에 처해 있으므로 절대로 결혼해서는 안 된다는 생각을 주드에게 수시로 주입시킨다. 필롯슨과 결혼한 수에게도 불행한 결혼으로 귀결되었던 집안 내력을 언급하며 왜 결혼했느냐고 야단친다.

9. 빌버트 (Vilbert)

돌팔이 약장수로 그리스어와 라틴어를 배우고 싶다는 어린 주드에게 마을 사람들에게 약을 선전해 주문을 받아오면 자기가 학생 때 썼던 책을 가져다주겠다고 사기를 친다. 후에 주드의 죽음을 앞둔 아라벨라가 남편감으로 점찍는 인물이다.

10. 카틀렛 (Cartlett)

아라벨라가 호주에서 만난 두 번째 남편으로 일찍 세상을 뜬다.

THOMAS HARDY

Jude the Obscure

IV. 작품의 구조, 언어, 기법 분석

IV. 작품의 구조, 언어, 기법 분석

A. 작품의 구조와 언어

하디 소설은 '탁월한 웨섹스의 기록'으로 평가받을 정도로 사실주의적이면서도 다른 한편으로는 반사실주의적인 면을 지니고 있다. 1891년에 발표된 「소설의 과학」(The Science of Fiction)에서 하디는 '복사주의'(copyism)로서의 사실주의에 반대한다. 예술의 목적은 단순히 있는 그대로를 정확하게 묘사하는 것이 아니라 진실을 표현하는데 있다는 것이 하디의 입장이다. 사물과 인생에는 내면적 리얼리티가 존재하기 때문에 겉으로 나타나는 '물질적 사실'에만 집착하여서는 그 핵심을 간파할 수 없다는 것이다. 따라서 그는 표피적이고 피상적인 사실에 집착하지 않고 본질적인 내면적 리얼리티를 포착해내려 한다.

『무명의 주드』 초판 「서문」에서 하디는 이 소설이 "일련의 외양, 혹은 개인적 인상들에 형체와 통일성을 부여하려는 노력"이라고 평한다. 이때 핵심은 '형태와 통일성'보다 '개인적 인상들'이다. 하디의 관점에서 보면 문학은 대상에 대한 실증적이고 객관적인 관찰과 분석을 통해 추구해야 할 논증 곧 과학이 아니라 '개인적 인상'을 전하는 것이다.

하디는 매일 매일의 일상사를 단순한 플롯 속에 사실적으로 상세하게 묘사하지만 이야깃거리 즉 사건은 예사롭지 않다. 독자는 지루하게 묘사된 평범한 사건들에 흥미를 느끼지 않기 때문에 사건은 희한한 것이어야 한다고 하디는 생각했다. 새롭고 낯선 이야기 전개를 보면서 독자는 흥미를 유지시킬 수 있다는 것이다. 따라서 하디는 어떤 부분은 단순하게 처리하고 또 다른 부분은 지나치게 확대하여 과장해서 보여준다. 사실적이지 못하다고 할 수 있을 정도로 환상적이거나 놀랄만한 요소 그리고 기괴한 것들을 도입하기도 한다. 그 결과 작품이 알레고리로 보일 만큼 비사실적으로 보일 때가 있게 된다. 인물이 이상한 행위에 휘말리기 때문에 플롯이 지나치게 작위적이라는 인상을 주기도 한다. 이는 일견 필연적인 인과관계를 특징으로 하는 소설의 플롯에 부적합한 구성상의 결함으로 보인다. 그렇지만 이상해 보이는 인물의 행위는 사실 그 인물의 무의식적 욕망이나 충동의 표출과 밀접한 연관성을 맺고 있으며 그 나름의 내적 논리를 갖고 있다.

『무명의 주드』는 "옥스퍼드에 가지 못한 한 청년에 관한 짧은 이야기"로 구성되었다. 주드의 대학 입학 실패를 다루려는 것이 원래의 목표였다. 그런데 하디가 플로렌스 헤네커(Florence Henniker)에게 보낸 편지에서 밝히고 있듯이 집필 중 점차 수에게 흥미를 갖게 되면서 그녀가 주드를 압도하게 되었다. 연재본 첫 두 회의 제목이 『바보들』(*The Simpletons*)이었고 그 이후에는 『반란자들』(*Hearts Insurgents*)로 복수형인 것은 '주드의 이야기'에서 '주드와 수의 이야기'로 초점이 이동했음을 시사한다. 하디는 연재 과정에서 애초에 의도한 이야기의 주제에 대해 생각을 바꾸고 훨씬 폭넓은 주제를 다루게 된 것이다.

이 소설은 6부로 나뉘어져 있는데 첫 두 개의 부는 주드에게 주안점을 두어 교육을 받고자 하는 하층계층 젊은이의 이루어질 수 없는 꿈을 다룬다. 2부 말미에서 주드가 크라이스트민스터의 대학 진학에의 희망을 버리고 수와의 관계에 주안점을 두게 되면서, 이야기의 중심은 노동 계층 젊은이의 교육에의 열망이라는 주제에서부터 결혼, 성 관계, 그리고 배타적인 사회의 억압성이라는 주제로 이동하게 된다.

각 부의 제목은 주드가 이동하는 특정한 장소의 지명이다. 크라이스트민스터를 예외로 한다면 각 장에서 일어나는 사건이나 행위가 그것의 배경이 되는 장소와 밀접하게 연관되어 있는 것은 아니다. 그렇지만 여섯 부의 배경이 되는 모든 도시는 주드에게 결국은 좌절과 시련을 남긴다는 점에서 공통점을 갖는다. 특히 6부의 '다시 크라이스트민스터에서'는 2부의 '크라이스트민스터'와 대칭되며 순환적 구조를 보여주는데 이는 닫힌 세계가 암울하게 순환되는 비극성을 암시한다.

『무명의 주드』에서 각각의 에피소드들은 동일한 패턴으로 반복되면서 주드이 꿈과 이상의 좌절을 보여준다. 가령 일상적인 삶은 현실세계를 떠나 환상에 젖어 있는 주드의 의식에 반복적으로 침범하여 그를 좌절시킨다. 학문에의 생각에 젖어있을 때 아라벨라가 던진 돼지의 특정 부위가 그의 귓가를 때려 환상에서 깨어나게 하는 사건은 비슷한 패턴으로 반복되는 여러 다른 사건들과의 긴밀한 관계망 속에서 전체적인 의미를 창출해낸다.

이와 함께 희비가 교차하는 장면이 여러 차례 병치된다. 농업박람회장에서 수의 즐거운 한때는 바로 다음 장에서 그들의 삶이 파국으로 치닫게 되는 모습과 대비된다. 되돌아온 크라이스트민스터에서 주드가 일자리를 얻고 기뻐하는 장면 바로 뒤에 아이들의 죽음을 목격하는 장면이 뒤따라 희비가 교차한다. 주드가 집안에서 보살펴주는 사람 없이 쓸쓸히 죽어갈 때 밖의 축제 현장에서는 만세소리가 들려온다. 주드를 입관할 때에도 밖에서는 명예학위 수여식이 거행된다.

『무명의 주드』에서는 현실과 이상, 육체와 정신, 빛과 어둠, 교회와 술집, 대학과 빈민가, 기독교와 이교도주의 등이 서로 대조된다. 이러한 비교, 대조는 일정한 상징적 의미를 함축하면서 효과적으로 플롯을 진행시킨다.

『무명의 주드』에는 추상적인 어휘와 구체적인 어휘, 그리고 일상적인 구어와 라틴어가 혼합되어 사용된다. 하디는 보통 대화를 자연스러운 리듬에 맞춰 신빙성 있게 잘 구사하지만, 인물이 격앙된 감정 상태에 처한 경우에는 사실성을 상실한 채 멜로드라마적인 언어를 사용한다. 애매모호하고 혼란스러운 완곡어법과 조야하게 보일 만큼 현학적인 구절이나 무겁고 장황한 표현들을 구사하기도 한다. 가령 3부 4장에서 수가 크라이스트민스터의 단점에 대해 주드에게 말할 때 스타일은 딱딱하고 과시적이며 현학적이 된다. 순서가 이상하게 꼬인 문장을 사용함으로써 혼란을 야기하는 경우도 적지 않다. 또한 교훈조와 설교조의 어휘를 구사하기도 한다. 가령 수와 주드 그리고 필롯슨이 결혼, 이혼, 종교 등에 대해 대화를 나눌 때 그들은 자연스럽게 얘기한다기보다는 강의하거나 설교하듯이 말한다.

하디 소설에는 농촌 주민들에게 공감하며 그들을 생생하게 그리는 서술과 눈앞에 일어나는 사건에 거리를 두고 관찰하며 역사적, 사회적 의미를 독자들에게 알려주는 교육받은 서술자의 음성이 공존한다. 하디는 농촌 사람들의 방언과 지적인 언어라는 두 층의 언어를 구사하는 것이다. 하류 계층의 덜 교육받은 인물들의 경우는 방언을 그대로 옮겨놓는 등 실제로 그들이 사용함직한 언어를 구사하여 설득력 있게 그려낸다. 가령 에들린 부인의 말이나 5부 6장에서의 악마에 대한 교회 청소부의 얘기, 1부 3장의 짐수레꾼의 얘기 등은 설득력 있게 전달된다. 그렇지만 교육받은 중간계층 인물의 언어를 전달할 때는 신빙성이 없고 부자연스럽다. 따라서 하디의 문체나 서술 방식은 자주 비판의 대상이 되어왔다.

하디의 소설은 산문적이면서도 시적이어서 은유와 이미지 혹은 상징을 통해 그가 나타내고자 하는 바를 함축적으로 전달한다. 하디는 짧고 강렬한 상징적인 단어나 유사한 의미를 갖는 문장들을 반복 사용하여 독자로 하여금 작가가 의도한 바대로 생각하도록 이끈다. 각 부의 첫 서두에 소개되는 표어(epigraph)나 인용문을 통해 이어지는 사건에 대한 독자의 해석을 안내 내지는 유도하기도 한다.

B. 서술기법

하디는 직접 '말해주기'(telling)와 객관적으로 제시하면서 '보여주기'(showing) 방법을 혼용하는 가운데 그때그때 필요에 따라 최대한의 서술 효과를 거두며 상황을 잘 전달할 수 있는 여러 다양한 서술 방법을 구사한다.

첫째 하디는 선지적 작가로서 인물의 비밀스러운 동기 그리고 한 인물이 다른 인물이나 사건을 어떻게 생각하고 느끼는지를 전부 말해주고 설명해준다. 이는 전형적인 빅토리아조의 서술자 즉 단순한 이야기꾼의 모습이다.

둘째 하디는 주요 인물의 시각을 통하여 사건이나 장면을 제시한다. 이 경우 독자는 사건이나 장면을 직접적으로 경험할 수 있을 뿐 아니라 주요 인물의 생각이나 행동에 직접 연루된다.

셋째 보조 인물들의 눈을 통해 그들이 본 것만을 객관적으로 기술한다. 이는 독자로 하여금 사건에 더욱 가까이 다가가도록 해주면서 동시에 감정적으로 거리를 두게 하는 효과가 있다.

넷째 하디는 인물이나 사건으로부터 멀리 떨어진 상태에서 수동적이고 객관적인 관찰자로서 감정을 배제한 채 카메라의 렌즈로 포착하듯이 풍경이나 인물을 생생히 묘사하거나 인상을 기록한다. 하디의 서술에서는 보고 응시하는 행위가 종종 나타나는데 이로써 강렬한 집중효과를 거둔다.

다섯 째 사진과 같은 정확함으로 실재를 묘사하기보다는 원근법이나 다양한 관점을 통해 인물의 행위로부터 거리를 둔다. 가령 『무명의 주드』에서는 서로 비판적으로 경쟁하는 다중적인 관점을 제공하는 인물들 사이에 대화가 일어나게 하여 상호 조명하거나 다각도에서 논평하게 한다. 이와 함께 '말해주기'를 병행하여 자신의 의도대로 작품을 해석하도록 독자를 유도한다.

여섯 째 서술자는 모습을 드러내지 않은 채 인물들의 말을 전달해주는데 인물들 또한 구체적으로 알려주지 않은 채 간접적으로 언급하거나 암시한다. 생략하거나 불분명하게 남겨놓은 채 직접 서술을 하지 않는 것이다. 때문에 독자는 일어나고 있는 일이나 사건을 추론해야 한다.

일곱 째 가정법 문장을 즐겨 사용한다. 일반적인 관점을 먼저 소개한 다음 '예리한 관찰자라면 이러이러하게 생각할 것이다'라는 식으로 좁혀간다. 그 다음 그 추측이 맞다고 직접 확인해준다. 이를 통해 일반적인 가치 기준에 젖어있는 독자로 하여금 통념에서 벗어난 작가 자신의 가치판단을 무리 없이 수용할 수 있게 해준다.

여덟 째 인물의 성격과 대화를 제시할 때 작가의 생각을 그대로 반영하면서도 객관화한다. 때문에 그것이 작가의 견해와는 무관한 인물의 생각인 것처럼 보이게 된다. 가령 『무명의 주드』에서는 작가의 목소리가 그대로 드러나는 경우는 드물다. 그럼에도 불구하고 독자는 작가가 자신의 철학적인 신념을 제시한다는 느낌을 강하게 받는다.

C. 작품의 기법

소설은 논증이 아니라 삶에 대한 작가의 인상이라고 생각한 하디는 순간을 포착하여 시각적으로 형상화하고 이 생생한 그림 속에 상징적인 의미를 함축시킨다. 1부 7장에서 화재는 주드와 아라벨라의 곧 꺼져버릴 열정을 전조한다. 주드가 학문과 고전의 거장들에 대한 숭고한 명상에 잠겨 걸어가고 있을 때 개울에서 돼지의 내장을 씻던 아라벨라가 그를 유혹하기 위해 던진 돼지의 특수 부위라든지, 눈을 빨갛게 물들인 돼지의 피 등은 주드의 이상 추구를 좌절시키는 조야한 본능을 상징한다. 그리고 그들이 들른 싸구려 선술집의 벽에 걸린 삼손과 데릴라의 그림 등은 사소한 세부 묘사에 지나지 않은 것처럼 보이지만 삼손이 데릴라에게 배반당한 얘기를 함축하면서 실제로는 그들에게 앞으로 닥칠 운명을 암시해준다.

이미지가 반복적으로 등장하여 하나의 패턴을 이루며 의미망을 구축하기도 한다. 가령 새 이미지는 지상에 굳건히 발을 내디디지 못하고 공중에 떠다니는 듯한 육신이 없고 영혼만 있는 듯한 수의 이미지이다. 수는 살림을 경매에 부칠 때 팔려 도살군의 새장에 갇힌 자신의 애완 새를 풀어준다. 새장에 갇힌 새는 자유와 독립을 원하지만 사회적 관습과 경제적 궁핍이라는 질곡에 갇혀 헤어나지 못하고 불안하게 버둥거리는 수의 연약한 모습을 상징한다. 필롯슨과 재결혼 후 실질적인 부부관계를 맺지 않다가 주드를 아직도 사랑하고 있음을 깨닫자 회개의 행위로써 몸을 바치러 필롯슨의 방에 들어가는 수는 새장에 감금되는 새의 이미지를 떠올리게 한다.

덫에 걸려 다리가 절단된 토끼의 울음소리는 상황에 얽매이고 매몰되어버린 수와 주드의 고통을 상징한다고 할 수 있다. 토끼의 울음소리를 듣고 연민을 느낀 두 사람이 밖으로 나와 우연히 만나게 되고 그때 수가 주드에게 자신의 비참한 결혼생활에 대해 고백한다는 사실은 이들 사이의 연관성을 강하게 시사한다. 그들은 덫에 걸린 토끼처럼 인습이라는 굴레에 갇혀 있다.

수의 이름인 수잔나가 백합을 나타낸다는 점에서 수와 연관되는 흰색은 모든 것을 거부하는 듯한 깨끗한 색이면서도 역설적으로 그 어떤 색보다도 더렵혀지기 쉽다. 흰색은 극단적인 양면성을 지닌 것이다. 사회의 인습은 구성원들에게 그 자신으로의 유입을 강요하며 자신의 색으로 물들이고 싶어 하는데 이때 가장 물들이기 쉬운 색이 흰색이다. 흰색은 사회 관습을 거부하지만 결국 아이들의 죽음 후 관습에 완전히 굴복해 버리는 수의 상황을 상징한다. 흰색을 물들이기가 가장 쉽듯이 사회 관습이 가장 극단으로 몰아세울 수 있는 인물이 바로 수인 것이다.

안개와 비도 상징적인 의미를 함축한다. 어린 시절 주드가 크라이스트민스터를 동경할 때 그곳은 안개 속에서 잠시 빛나는 모습으로서 처음 등장한다. 이는 크라이스트민스터가 주드에게는 불확실하고 막연한 환상이자 꿈임을 나타낸다. 안개는 방향을 잃은 혼돈된 심리 상태를 상징하기도 한다. 아이들의 죽음 후 별거하던 수는 안개 속에 주드를 찾아와 그를 떠나 필롯슨에게 돌아가겠다고 말한다. 다음날 수가 주드를 떠날 때도 안개가 자욱하고, 필롯슨과의 결혼식 때도 안개가 사방을 뒤덮는다. 이는 수의 혼란스럽고 당혹스러운 내면 상태를 함축한다.

유리창을 둘러싼 상징적인 순간 또한 반복되어 나타나는데 그럼으로써 그 안에 내포된 의미는 점차 확대되고 명확해진다. 유리창은 주드와 수를 가로 막고 있는 사회제도와 인습이라는 장애물 내지는 장벽을 상징한다. 주드와 수 사이의 중간 매개체로서 투명하므로 서로를 볼 수 있게 하지만 막혀 있어서 완전히 이어주지는 못하는 유리창은 주드와 수 사이에 놓여져 두 사람의 접촉을 막는다. 성경에서 신부에게 죄를 고백할 때 벽 하나를 두고 하듯이 유리창은 수의 속내를 주드에게 고백하게 하는 장치로서의 역할도 한다. 수는 유리창을 사이에 둔 상태에서 주드에게 필롯슨과 결혼하기 전에는 결혼이 무엇을 의미하는지 몰랐다면서 불행한 속마음을 털어놓는다. 그후 필롯슨이 무심코 그녀의 침실로 들어오자 수는 유리창에서 뛰어내린다. 수가 유리창에서 뛰어내리는 것은 주드와 그녀를 가로막는 인습적인 결혼제도라는 장벽을 뛰어넘어 자신을 해방시키는 행위를 상징한다고 할 수 있다.

하디는 평범하고 때로는 비속하기까지 한 세부 묘사에 특별한 상징적 의미를 부여하고 그것을 전체적인 의미에 연결시킴으로써 더 풍부하고 함축적인 의미를 자아내기도 한다. 상징이나 이미지, 또는 평범한 사건들을 서로 엮어 짜 넣음으로써 순간의 의미를 전체적인 의미로 확장해 가기도 한다. 상징적인 순간은 같은 주제를 반복하며 계속 변형되어 제시되므로 하나의 순간에 내포된 의미는 점차 확대되고 주제는 더욱 뚜렷해진다. 가령 갈색 집은 여러 문맥을 통해 반복적으로 등장하면서 함축된 의미를 확장시켜 나간다. 저문 해의 광휘를 배경으로 옛 갈색 집 지붕에서 크라이스트민스터를 처음으로 본 주드는 환상을 갖고 학문에의 꿈을 키워나간다. 또한 그곳은 주드가 학문과 정절의 신인 아폴로와 다이어너에게 무릎을 꿇고 기도를 올렸던 곳이기도 하다. 그러나 아라벨라에 매혹된 구애 기간 동안 주드는 이곳을 무심코 지나친다. 마침 햇빛이 비추었으므로 이전에 안개 때문에 잘 볼 수 없었던 크라이스트민스터를 이제 햇빛 속에서 잘 볼 수 있었으련만 지금 아라벨라에게 넋이 나가 있는 그에게 태양은 단지 아라벨라의 얼굴을 비쳐주는데 유용한 램프에 불과하다. 갈색 집을 배경으로 하여 벌어지는 일들이 대조되면서 주드의 학문에의 열정이 아라벨라를 향한 본능적 욕망 때문에 순간 사라져 버렸음이 함축된다.

THOMAS HARDY

Jude the Obscure

V. 에세이 주제와 답

V. 에세이 주제와 답

A. 주드는 고전비극적인 인물이기보다는 근대비극 속의 인물과 유사하다. 어떤 면에서 그러한가?

주드는 고전비극의 주인공처럼 혹독한 고난 속에서 불굴의 영혼과 강력한 성격의 힘으로 압도적이고 파괴적인 외부의 적대적 힘에 맞서서 싸우는 것도 아니고, 지나친 자신감이나 자만심 등의 '비극적 결함'에 의거해서 선택하고 행동하는 것도 아니며, 그의 죽음 앞에서는 비극적 고양이나 갱생 또한 느낄 수 없다.

주드는 단지 압도적인 힘을 휘두르는 사회와 환경의 전횡 앞에서 일방적으로 당하는 왜소하고 무력한 개인으로서 일상의 고통과 좌절을 겪고 있을 따름이다. 주드는 숱한 시련을 통해 어렵게 삶이나 사회 인습 및 제도에 대해 독자적인 인식에 도달하지만 수가 아이들의 죽음 후 필롯슨에게 돌아가자 삶에의 의욕을 잃고 처절하게 죽어간다. 절망과 체념 속에 저주의 말을 뇌까리며 죽는 주드의 모습에서는 비극적 공포보다는 안타깝게 소모되었다는 쓰라린 느낌과 연민만이 남는다. 이 점에서 주드는 근대비극적인 인물이다.

근대비극은 19세기 이래 다윈의 생물학적 진화론이 전통적 인간관을 대신하게 되면서 인간은 유전이라는 자연법칙에 갇힌 몸이 되었고 자연선택과 적자생존이라는 무자비한 과정 속에서 더 이상 스스로의 운명의 주인이 아니라는 인식이 지배적이 된 때 생겨났다. 근대비극 속의 인물에게서는 비록 패배할지라도 운명에 장엄하게 맞서 싸우는 고전비극의 주인공에게서 나타나는 영웅적인 면모를 발견할 수 없다. 그저 고난의 일상사에서 고통 받으며 절망하고 체념한다. 이 점에서 주드를 근대비극적인 인물로 볼 수 있다.

B. 하디의 여성문제 인식이 『무명의 주드』에 이르러 약화되었다는 평이 적지 않다. 이러한 평에 의하면 하디는 여성이 남성에 의해 희생된다는 관습적인 개념을 그것을 가장 벗어난 듯한 수에게까지 적용함으로써 그 역시 이 사회의 기준을 뛰어넘지 못한 인물이라는 사실을 보여주었다. 또한 자주 "자연 법칙"의 관점을 빌어 여성 인물들이 아무리 노력하여도 결코 강해질 수 없다는 비관적인 견해를 피력하고 있다. 이러한 평가에 대해 어떻게 생각하는가?

『무명의 주드』에서 여성문제에 대한 하디의 보수적인 태도가 드러났다고 할 수는 없다. 멜체스터 기숙사의 젊은 여성들을 묘사하는 부분에, 여성은 여성으로 태어났기 때문에 불가피하게 비극을 맞게 된다는 비관론이 드러나 있지만, 이는 하디의 견해라기보다는 하디가 당대의 관습적인 여성관의 실상을 보여주는 대목이라고 할 수 있다. 수가 여성의 운명을 타고났기 때문에 숙명적으로 비극을 맞는다는 입장 또한 주드의 견해일 뿐 하디의 견해라고 보기 어렵다. 따라서 이 부분에서는 인습적인 성 관념으로 후퇴해버린 하디의 보수성이 드러나 있다기보다는, 여성문제에 대한 주드의 이해가 피상적이라는 사실이 부각되어 있다고 할 수 있다.

주드는 신여성이 겪는 심리적 갈등에 무지하고, 신여성을 둘러싼 당대 사회의 시대적 맥락을 무시한 채 여성을 일반화해서 단순하게 생각해버리고 마는 당대 남성을 대표한다. 하디는 주드를 통해 당대의 인습적인 여성관을 객관적으로 기술하고 있을 뿐, 그 자신이 그렇게 생각한 것은 아니다. 주드가 관습을 초월할 만큼 성숙해졌음에도 불구하고 여성에 대한 인습적 성 관념을 결코 떨쳐 버릴 수 없었다는 사실을 부각시켜 인습적인 여성관이 얼마나 뿌리 깊게 당대인들의 마음속에 자리 잡고 있는지를 절박하게 드러내는 것이다. 이는 하디의 여성문제 인식이 성숙한 것이었음을 예증한다. 수의 복잡한 심리의 형상화 또한 비판적 지성을 갖춘 여성조차도 자신을 둘러 싼 인습의 굴레를 벗어나기가 얼마나 힘든 것인지를 생생하게 보여준다. 따라서 여성이 처한 상황에 대한 하디의 문제의식은 『무명의 주드』에서 매우 뚜렷이 부각되어 있다고 할 수 있다.

수가 비극적인 삶을 살아갈 뿐 아니라 더 나아가 그녀의 영향으로 주드의 비극이 초래된다는 사실에는 사회적 인습이 한 개인, 특히 여성에게 가하는 억압이 얼마나 심각한지를 여실히 드러내려는 하디의 의도가 함축되어 있다. 하디가 보기에 수의 비극은 여성으로서 타고난 본성이나 여성이라는 존재의 속성 때문에 빚어진 일반적인 비극이 아니다. 관습의 압력으로 인해 내적으로 분열되었기 때문에 수는 성에 대해 왜곡된 태도를 보인 것이고 이는 결국 그녀와 주드의 비극을 초래한 것이다. 이러한 점에서 『무명의 주드』에 나타난 하디의 여성 문제 인식은 매우 통렬하다고 할 수 있다.

이 사실은 하디가 당대 여성이 처한 상황을 구체적이고도 전형적으로 나타내면서 여성에게 가해지는 성적 억압을 일관성 있게 비판한다는 점에서도 찾아볼 수 있다. 하디는 수를 전형적인 신여성으로 그렸을 뿐만 아니라 당대 여러 계층, 즉 중류 계층에 속하는 수뿐만 아니라 하류 계층에 속하는 아라벨라가 처한 상황을 구체적으로 잘 나타냈다. 이는 그가 당대 중, 하류 계층 여성이 처한 구체적인 상황을 절박하고 깊이 있게 이해하고 있었기에 가능했다. 아라벨라는 노동계층 여성이 처한 경제적 상황을 생생하게 형상화한다. 주드와 결혼한 뒤에도 생계를 위해 돼지 사육을 돕고, 주드와 헤어진 후 다른 남자와 결혼한 후에도 술집에서 여급 일을 하며 생계를 유지하는 것이 그 예이다.

하디는 수와 아라벨라를 통해서 경제적인 독립이 여성에게 얼마나 중요한 문제였는지를 보여주고 있다. 가령 아라벨라는 수에게 빅토리아 사회에서 살아남기 위한 방법을 다음과 같이 피력한다. 남편으로부터 버림받게 되면 법에 호소하거나 물건이라도 지키는 것이 도움이 되리라는 것이다. 이는 경제적으로 남성에게 의존하고 법적으로 아무런 권리도 행사할 수 없었던 여성이 스스로를 지킬 수 있는 최선의 방법이었다. 아라벨라같은 노동계층의 여성에게는 생존이 큰 문제였기에 그녀는 경제적 문제를 해결할 수 있는 현실적인 생존 방법을 늘 염두에 두고 있었다.

하디는 수와 아라벨라를 통해 당대 중, 하류 계층의 여성이 당면한 현실을 생생하게 형상화한다.『무명의 주드』에서 여러 계층의 여성이 처한 상황으로 시야를 더욱 확대한 것은 당대 여성문제에 대한 그의 폭넓은 관심도를 잘 보여준다. 따라서 하디의 여성문제 인식이『무명의 주드』에서 약화되었다고 할 수 없다.

C. 주드가 비극적 죽음을 맞게 된 원인으로는 당대 사회 체제와 제도의 경직성 및 관습의 편협성 그리고 높은 이상을 세워놓고도 본능적인 충동을 이기지 못한 그의 나약성을 들 수 있다. 단지 이러한 이유 때문일까? 다른 원인이 있다면 그것은 무엇일까?

결혼생활을 비극적인 파국으로 치닫게 하고 주드를 죽음으로 몰아넣은 직접적인 원인은 수의 심리적 문제점이라고 할 수 있다. 로즈마리 섬너(Rosemary Sumner)는 주드의 건강한 충동과 높은 이상이 적대적인 주위 환경에 의해 파멸되자 그는 스스로 붕괴되어 죽는다고 지적한다(153). 그러나 크라이스트민스터에 다시 돌아와 군중에게 연설할 때 주드는 적대적인 주위 환경 때문에 큰 뜻을 이루지는 못했지만 자신을 담담하게 변호할 수 있을 정도로 의연한 태도를 보여준다. 고난과 시련을 통해 스스로에 대한 믿음을 확장시키면서 인간적인 성숙을 이룩했기 때문이다. 세 아이의 죽음으로 그들의 고난이 절정에 달했을 때에도 의연하고 당당하게 그 시련을 직시할 수 있었다. 더 나아가 아이들의 죽음 사건을 계기로 주드는 인생이나 법과 관습에 대한 자신의 견해를 확장한다. 또한 그때 그는 수와의 인간적 애정이 있었기에 고통을 참아낼 수 있었다. 그러나 죽음 직전의 주드는 수에게서 애정을 거부당했기 때문에 살려는 의욕을 완전히 상실한 모습이다. 따라서 주드가 죽음을 맞이하는 원인은 적대적인 주위 환경에 있다기보다는, 구체적인 현실에 봉착하자 표출된 수의 심리적 문제점에 있다고 할 수 있다.

표면상으로는 관습적 규범을 벗어나려고 하지만 결코 그것을 떨쳐버리지 못하는 수의 심리적 문제점은 주드와의 결혼생활 초기에는 잠복 상태에 있다가 그녀가 사회 관습의 압력을 구체적이고도 직접적으로 대면하게 될 때 표출되어 두 사람 사이의 결혼생활을 파탄에 이르게 하고 주드의 비극적 죽음을 유발하는 결정적인 요인으로 작용하게 된다.

관습적 성 관념을 내면에 간직하고 있는 수의 심리적 문제점을 밖으로 드러나게 한 구체적인 현실은 결혼제도와 관련된 인습의 압력이다. 법적으로 결혼한 관계가 아닌 상태에서 수가 임신했음이 밝혀지자 주위의 냉혹한 시선이 쏟아진다. 그 여파로 주드는 조각하는 일자리를 잃고 그 다음 교회 십계명을 복원시키는 작업도 교구 주민들의 거센 반발에 부딪쳐 그만두게 된다. 또한 아이들이 많다는 이유로 번번이 거절당한 후 어렵게 마련한 크라이스트민스터의 숙소에서 그들이 쫓겨날 상황에 처하게 된 것은 여관 여주인에게 주드와 수가 합법적으로 결혼한 부부관계가 아님을 밝혔기 때문이다. 정착할 곳을 찾지 못할 때 수는 파더 타임에게 그들이 방을 구하는데 어려움을 겪는 것은 아이들 때문이고, 아이들의 임신과 출산은 "불가피한 자연법칙"에 의한 것이라고 말한다. 그런데 아이들의 임신과 출산은 여성이 하는 역할이다. 그렇다면 수의 말 속에는 여성이란 불가피한 자연법칙에 좌우되는 인물이고 "냉혹한 자연법칙"에 따라 아무리 노력해도 결코 강해질 수 없는 운명을 지닌 존재라는 당대에 통념적으로 인정되어온 여성관이 그대로 나타난다고 할 수 있을 것이다.

자연법칙이 여성에게 가혹하다는 수의 인식은 파더 타임을 비롯한 아이들의 죽음 후에 극도로 심화되어 자연스러운 성본능의 완전거부로 확대된다. 그녀는 이제까지 육체관계를 맺으면서 살아온 두 사람의 관계가 자기 즐거움을 위한 헛된 시도였다면서 자연적인 본능에 따르지 않겠다고 선언한다. 수의 성본능 거부는 삶에 대한 적극적인 의욕을 상실하게 만든다. 이제 그녀는 자기의 운명을 조정할 힘마저 상실한 채 자포자기에 빠진다. 이렇듯 죽은 것과 다름없는 삶을 살아가게 된 수의 모습은 외면적으로나마 스스로 자기 삶의 지배자이기를 원했던 예전의 모습과는 다른 것이다.

성본능을 전적으로 부정함으로써 자연스러운 삶을 포기한 수는 더 나아가 인습적 종교에 맹목적으로 순응하는 자세를 보인다. 아이들의 죽음은 법적 결혼을 하지 않은 주드와 자신의 관계에 분노한 신이 복수하기 위해 벌을 내린 결과라는 것이다. 두 사람의 사랑은 신에 대한 죄라고 말하며 수는 주드와 자신의 실질적인 부부관계를 부인하기에 이른다. 이제 그녀에게 중요한 것은 인습적인 종교의 묵인을 받아온 법적 결혼제도와 형식이다. 그녀는 자신이 과거에 필롯슨과 결혼식을 올렸으므로 지금도 그에게 속한다고 주장한다. 결국 수는 주드의 설득을 뿌리친 채 필롯슨에게 종교적 의무를 다하기 위해서 그와의 결혼의 틀로 되돌아간다. 필롯슨이 간파하듯이 중세주의를 표방하는 크라이스트민스터의 감정과 교리, 즉 기독교 사회적 관습에 깊은 영향을 받고 있었던 수의 심리적 문제점이 극도로 확대되어 밖으로 드러난 것이다.

수가 필롯슨에게로 돌아가 버리자 주드는 바람직하지 못한 방향으로 변모한다. 몸소 겪은 체험을 교훈삼아 인위적이고 편협한 사회적 규율이나 법규에 이리저리 휩쓸릴 것이 아니라 꿋꿋하게 인간 본연의 삶을 살아가고자 했던 주드의 결심은 수 때문에 송두리채 흔들린다. 그의 죽음으로 귀결되는 부정적인 방향으로의 변모는 수의 한계성이 점차 심화되어 감을 그가 확인해가는 과정과 일정한 비례관계에 있다. 그의 부정적인 변모상은 크게 세 단계로 나누어 볼 수 있다.

그 첫 단계는 주드가 절망감 속에서 다시 인습에 굴복해 버리는 양상을 띤다. 그는 아라벨라의 "명예"를 위해 그녀와의 결혼을 선언한다. 이는 처음 그가 아직 관습에서 자유롭지 못한 상태에서 아라벨라의 "명예"를 위해 결혼하기로 결정했던 대목과 대칭된다.

두 번째는 주드가 다시 자살하고 싶은 심리를 갖게 되는 단계다. 주드가 수처럼 살려는 의지를 상실한 채 스스로 목숨을 끊고 싶은 충동을 느끼는 것은 그가 과거 아라벨라와의 결혼이 가져다 준 환멸 때문에 언 연못에서 자살을 시도했던 대목과 대칭을 이룬다.

마지막 단계로 주드는 마침내 의사의 치료도 거부한 채 조용히 죽음을 맞게 된다. 그가 기꺼이 죽음을 맞이하는 계기는 수의 한계성이 돌이킬 수 없을 만큼 극단적인 상황에 처해있음을 깨닫는 데서 비롯된다. 에들린 부인이 주드에게 전해준 바에 의하면 수는 주드를 열정적으로 사랑하고 있음을 새삼 발견하자 그녀의 육체를 필롯슨에게 제물로 바친다. 그녀는 잘못된 종교원칙에 사로잡힌 나머지 자신을 희생하여 사죄 받는다는 기분으로 아무런 사랑도 느끼지 않는 필롯슨과 의무적인 육체관계를 맺기 시작한 것이다. 예전의 수가 육체를 억압하는 기독교 종교 교리에 자신의 정신을 바쳤다면 이제는 인습적 도덕이라는 제단 위에 자신의 육체를 제물로 바친 것이다. 이로써 그녀는 의식과 정신까지를 포함한 자신의 전체를 송두리째 인습적 종교에 희생물로 바친 셈이고 이는 주드로 하여금 완전히 삶을 포기하도록 만든다.

D. 수의 '불안'이 그녀 개인에게 특정한 왜곡된 이상심리나 여성적 변덕으로 해석될 소지가 다분한데도, 이 소설이 개인의 이상심리 탐구가 아니라 사회 변화와 그에 수반되는 불안에 관한 이야기로 읽혀지는 이유는 무엇인가?

하디는 역사적 시간 속에 스스로를 위치시켜 과거와 현재를 대비하면서 수의 이야기를 역사적 문맥 속에서 바라보도록 유도한다. 주드와 수의 활동 무대가 되는 장소가 바뀔 때마다 그곳의 역사적 배경이나 분위기를 설명함으로써 19세기 영국 사회의 변화상을 포착한다. 또한 눈앞에 벌어지는 사건에 거리를 두고서 그 역사적, 사회적 의미를 독자들에게 알려준다. 하디는 1부에서부터 현대식 건물이 서서히 들어서기 시작해서 구식과 현대식이 공존하고 있는 메리그린이라는 작은 마을에서 감지되는 사회적 변화에 대해 언급한다. 황량한 폐허 속에 고딕 양식으로 건축된 현대식 교회는 과거의 모습을 그대로 간직한 주변 정경과 아름답게 조화를 이루지 못하고 낯설며, 이곳은 과거의 행복한 낭만적 추억이 흔적 없이 사라진 채 인색한 공리주의적 인상을 풍기는 낯선 풍경으로 그려진다. 3부의 배경이 되는 멜체스터는 중세 고딕식 구식 성당 및 유적지와 현대식 철도역이 공존하는 곳이다. 4부의 공간적 배경인 섀스턴은 철길을 만들기가 불가능한 위치여서 철로 등 현대적인 모습을 찾아보기 어려운 곳으로 묘사된다. 이 묘사에는 섀스턴이 현대화의 영향을 받지 않은 낙후된 곳이라는 사실과 함께, 역으로 다른 지역에서는 현대화가 진행되고 있음을 시사한다. 5부 5장에서 농업박람회가 열린 스토크 베어힐즈에도 현대식 건물이 들어서 중세의 폐허와 같은 옛 건물이 있는 정경에 침입자처럼 보이며 마차가 사라지고 기차가 다니는 곳으로 서술된다.

이상의 장소는 하디가 직접 그 과거와 현재를 대비하지만 2부의 배경이 되는 크라이스트민스터만은 밤중에 도착해 생애 처음으로 대학 주위를 걷는 주드로 하여금 그 역사적 변천을 몸소 느끼게 한다. 이와 함께 서술자는 크라이스트민스터의 중세 고딕식 건물인 "노쇠하고 시대에 뒤떨어진 공간 안에 현대적 생각이 수용된다는 것은 불가능한 일처럼 보였다"(64)고 서술한다. 중세주의적 분위기를 풍기는 그곳과 현대적 생각 사이의 불협화를 시사하는 것이다. 더 나아가 서술자는 "중세주의가 석탄 덩어리에 박힌 고사리 잎새만큼 죽은 것이라는 사실을 그 당시 그(주드)는 깨닫지 못하였다"(69)고 평한다. 이어 주드는 그가 존경하는 것과 "현대적 논리와 비전" 사이에 "치명적 적개심"이 있음을 깨닫지 못했음이 덧붙여진다(69).

이와 함께 크라이스트민스터의 중세 고딕식 건물은 고교회파의 고딕 부흥운동과 연관됨으로써 역사적으로 자리매김 된다. 고딕 부흥운동은 1830년대 존 헨리 뉴먼을 중심으로 하여 일어난 옥스퍼드 운동의 일환으로서 교회 건물을 허물고 복원하는 등 외적인 장식을 중시했다. 주드와 수가 크라이스트민스터에서 하는 일도 고딕 부흥운동과 연관된다. 주드는 석공으로서 낡은 교회를 허물고 고딕 양식으로 교회를 새로 짓는 교회 복원사업에 참여하거나 교회의 십계명을 다시 새기는 작업을 하고 수는 고딕 활자체로 단어를 디자인하고 장식하는 일을 한다.

현대로의 변화라는 큰 흐름 속에서 인물들은 "사회적 불안"(103)의 조짐을 보이는 것으로 나타난다. 1부 2장에서 안개에 뒤덮인 단조롭고 적막한 풍경의 밀밭과 들판을 지나면서 메리그린이 추하다고 느끼는 주드는 필롯슨이 이곳을 떠난 것은 똑똑하기 때문이라고 생각한다. 그에게는 이 시골의 변화 없는 삶이 지겨울 뿐인데, 그 이유는 크라이스트민스터로 대변되는 현대적이고 지적인 삶에 대한 동경이 그의 마음을 완전히 사로잡고 있기 때문이다.

주드의 '현대적 불안'은 2부에서 크라이스트민스터를 배경으로 하여 보다 직접적으로 명시된다. 아침에 본 대학은 완전하고 이상적으로 보이던 밤의 모습과는 달리 흠투성이 현실이다. 일순간 그의 머리속에는 고상한 대학에서 학문하는 일에 못지않게 석공으로서의 일도 가치 있으리라는 인식이 스쳐간다. 그러나 그러한 깨달음은 "기존 관념의 압력"(69)에 의해 곧 상실되고 만다. 그는 석공으로서 할 일을 얻게 된다면 그것을 잠정적인 것으로 받아들이기로 작정하는데 이를 작가는 "주드식 현대적 불안"(69)의 징후로 평한다. 크라이스트민스터의 대학에서 학문을 하겠다는 것은 구체적인 현실에 굳게 뿌리를 내리지 못한 불안한 상태에서 주드가 품은 이상임이 시사된 것이다.

3부 1장에서 작가는 주드의 목소리를 뒤섞어 주교가 되려는 그의 계획 전체가 "비록 사회적 불안에서 시발된 것이 아닐지는 모르지만 그러한 불안으로 변질되었다는 우려를 그(주드)는 했다. 그 사회적 불안은 보다 고상한 충동과는 무관한 것이고 순전히 문명의 인위적 산물이었다"(102-03)고 평하기도 한다.

크라이스트민스터 대학 진학의 꿈 뿐 아니라 주교가 되려는 주드의 열망 또한 그의 '현대적 불안'의 표현으로서 현대적이고 지적인 삶에 대한 동경으로부터 비롯된 것이다. 그런데 크라이스트민스터의 교회는 화석의 비유에서 드러나듯이 편협하고 경직된 종교성으로 둘러싸여 생명력을 상실한 상태이다. 어디에도 뿌리를 내리지 못한 불안한 상태에서 변화의 삶을 추구한 주드가 염원하는 바가 사실은 화석과도 같은 것이라는 사실은 아이러니하다.

주드의 불안 상태가 1부 2장부터 역사적, 사회적 문맥 속에서 충분히 보여지는 반면 수의 '불안'이 사회적 변화와 밀접한 연관성을 맺고 있다는 사실은 명시되지 않는다. 현대적으로 사고하는 수가 인습에 얽매여 있는 주변 사람들 사이에서 겪는 갈등과 이로 인한 '불안'은 사회적 변화라는 문맥에서 분명하게 명시되는 대신 다음과 같이 함축된다. 수는 필롯슨과의 결혼 후 섀스턴의 오래된 옛날 집에서 살아가면서 죽은 과거의 무게에 억눌려 절망에 빠진다(160). 필롯슨을 사랑할 수 없음을 확인한 수는 결혼 생활에서 뛰쳐나오고 싶지만 결혼은 새스턴에 단단히 뿌리 내린 인습적인 제도이기 때문에 그럴 수 없다. 제도에 갇힌 숨 막히는 상황에서 그녀의 불안감은 극에 달해 창밖으로 뛰어내리는 극단적인 행위로 표출되기에 이른다. 결국 수는 자신이 "선택하는 대로"(177) 주드와 함께 살겠다는 현대식 사고를 피력하는데 이를 수용해준 남편 필롯슨의 이해와 배려로 그를 떠날 수 있게 된다.

그렇지만 수의 이러한 행위는 새스턴에 잠복해있던 현대적 사고와 인습적 사고 사이의 갈등을 전면에 부상시킨 계기가 된다. 인습적인 사고에 젖은 새스턴의 학교 이사회 및 점잖은 계층 사람들은 아내를 애인에게 떠나 보낸 필롯슨이 교사로서 학생들에게 도덕적으로 악영향을 끼친다며 그의 퇴직을 강요한다. 반면 외지를 떠돌아다니며 현대적으로 사고하게 된 행상인 그룹과 가정 경험을 통해 독립적 판단력을 갖게 된 사람들은 개방적이고 독립적으로 사고한다. 이들이 필롯슨 편에 서는 바람에 현대적 사고와 인습적 사고가 맞부딪치는 난장판이 연출된다. 이로써 새스턴은 서서히 밀려드는 사회적 변화의 물결에 따라 인습적 태도와 개방적 태도가 공존하고 있고 그들 사이의 갈등이 언제든지 표출될 가능성을 담지한 장이었음이 시사된다.

멜체스터나 새스턴보다도 수의 '불안'을 더 극명하게 드러내는 장소는 크라이스트민스터이다. 수는 "크라이스트민스터 대학의 중세주의는 허물을 벗어야만 하고 결국에는 사라져야만 한다"(120)고 주장할 정도로 그곳에 비판적이다. 그녀는 사제가 되려는 주드의 꿈이 케케묵은 중세주의에 입각한 것이고 대학이 학문에의 열정은 있으나 돈이 없는 주드와 같은 하류 계층 사람들에게 배타적인 곳임을 간파한다. 또한 크라이스트민스터는 전통에 소심하게 순종하는 평범한 교사들의 보금자리라고 혹평한다(246). 수가 생각하기에 대학은 4세기에 걸쳐 암울과 아집 그리고 부패를 투사하고 있다(261).

그렇지만 크라이스트민스터의 중세주의에 대한 수의 비판적 입장은 확고하지 못하다. 이 사실이 극단적으로 표출된 계기는 크라이스트민스터로 되돌아와 예기치 않게 맞이하게 된 아이들의 죽음이다. 수는 그 사건 후 사이러스 교회에 다니기 시작한다. 사이러스 교회는 교회 의식을 중시하고 형식에의 절대적 순종을 요구하는 고교회파 중심의 옥스퍼드 운동의 본거지로서 한때 수의 고용주이자 집주인이었던 미스 폰토버(Miss Fontover)가 예배를 드리던 곳이다. 따라서 수가 사일러스 교회에 나가기 시작했다는 것은 인습적인 종교나 그것의 묵인을 받아온 법적 결혼이라는 제도와 형식에 굴복해버리고 말았음을 의미한다. 결국 수는 필롯슨에게 돌아가 다시 결혼식을 올리는데 그 장소가 옛 교회 대신 들어선 새 교회 즉 고딕 부흥운동의 직접적인 영향을 받은 교회라는 사실은 의미심장하다. 고딕 부흥운동은 종교의 참 정신을 망각한 채 형식적인 면에만 치중했다는 점에서 수의 결혼은 주드가 지적하듯이 "문자"에 따른 것, 즉 법적 결혼이라는 형식만을 맹목적이고 기계적으로 추종한 결과일 뿐, 실제 결혼의 참된 정신과 의미는 도외시한 것임을 드러낸다.

수가 입장을 바꿔 크라이스트민스터의 가르침을 절대적으로 추종하게 된 것은 사회 관습이나 형식에 대한 그녀의 비판이 구체적인 경험 속에서 치열하게 그것과 맞부딪히면서 온몸으로 체화해낸 것이 아니기 때문이다. 그녀의 진보적 관점은 내면에 깊이 뿌리를 내리지 못한 채 관념적인 차원에 그친다. 그렇기에 수는 이교도 조각상을 살 때도 숨겨서 오고, 차라리 사지 않았으면 하고 후회하기까지 하는 등 자신감 없이 불안해하는 모습을 보인다. 자신을 "정신적, 사회적 불안"의 "볼품없는 희생자"(256)라고 말하는 주드 뿐 아니라 수도 사실은 이러한 '불안'의 희생자인 것이다.

작가는 수를 구체적인 역사적 상황 속에 자리 잡게 함으로써 그녀를 이상심리를 지닌 특이한 한 개인이 아니라, 형식적인 면에만 치중하고 종교의 참 정신을 망각한 옥스퍼드 운동과 고딕 부흥운동으로 대표되는 19세기 중, 후반의 시대적 산물로 형상화한다. 그 결과 수는 고도로 개체화된 인물이자 동시에 최근 역사의 한 순간의 특징적 인물이 된다(Howe 138).

작가는 역사적으로 조망하거나 과거와 현재를 대비함으로써 수라는 인물의 성격에 역사적 문맥을 부여한다. 수의 심적 갈등과 불안을 사회의 역사적 변화와 이에 따른 불안이라는 큰 틀 안에 자리매김하는 것이다. 이로써 일견 모순되고 모호해 보이는 수의 심리는 한 개인에게 특수한 왜곡된 이상심리가 아니라 구체적인 사회 변화와 밀접한 연관성이 있음이 드러난다.

E. 신여성으로서의 수와 신여성 소설로서의 『무명의 주드』의 특징을 논하라.

빅토리아조 후반은 1841년 영국에서 여성의 참정권을 주장하는 첫 캠페인이 있은 이후 여성이 남성들의 공적 세계로 진출할 수 있는 기회가 확대된 시기였다. 여성이 고등 교육을 받을 수 있게 되고 여성 노동 시장이 증가하여 교사나 하층노동자로 취업할 수 있었다. 여성은 재산권도 갖게 되었는데 1870년 기혼여성재산법으로 자신이 번 수입과 동산을, 1882년의 기혼여성재산법으로는 결혼 당시 또는 결혼 후에 획득한 모든 동산과 부동산을 소유할 수 있게 되었다. 1885년에는 보통 선거권 또한 갖게 되었다. 이러한 상황에서 '신여성'이 출현한다.

신여성들은 19세기 빅토리아조의 여성관에 도전한다. 당시 영국 사회에서는 남성은 이성적이고 지적인 사고 능력을 갖추었지만, 여성에게는 출산과 양육의 능력만이 있는 것으로 이해되었다. 여성은 개별적인 주체가 아니라 남성의 성적 도구로 간주되었고 남편과 자식에 대한 헌신 속에서만 자신의 정체성을 확인할 수 있는 '상대적 존재'로 여겨졌다. 여성의 역할은 출산이며 여성에게 가장 중요한 것은 순결이라는 생각이 지배적이었다. 여성이 본성상 남성에게 의존하고 남성에 의해 규정되는 '상대적 존재'라는 생각의 기저에는 여성은 태어날 때부터 어쩔 수 없이 약자라는 생물학적인 결정론이 자리 잡고 있다. 이 시기에 신여성들은 '상대적 존재'라는 여성관에 도전하고 여성의 개체성과 독자성을 주장했다.

신여성 소설은 1880년대와 90년대에 성행하였으며 여성의 역할, 성 도덕의 이중기준, 자유로운 사랑 등을 주제로 다룸으로써 당대 쟁점이 되는 여성 문제를 부각시켰다.『무명의 주드』는 결혼이나 남녀관계에 대해 선진적인 관점을 보이면서 '주체'로서 '자유 선택'을 할 권리를 주장하는 수라는 '신여성'을 등장시킨 점에서 신여성 소설적인 면을 갖고 있다.

수는 남성과 동등하게 경제적으로 독립된 생활을 해나가며 결혼을 여성이 필수적으로 해야 할 일로 여기기보다는 선택의 문제로 여길 수 있기를 원한 신여성의 모습을 보여준다. 독립된 개체로 살아가려 하는 수는 여성이 남성에게 의존하는 것은 경제력이 없기 때문이라고 생각하고 경제적으로 독립적인 삶을 영위하려 한다. 그 당시에는 남성은 사회 활동에, 여성은 가정 일에 적합하므로 여성은 남성에게 의존적인 삶을 살아가게 되어 있다는 관습화된 성 차별론이 있었다. 대부분의 여성에게 있어서 생계를 유지할 수 있는 유일한 방법은 결혼이었다. 수는 이러한 성 차별론을 과감하게 부정하며 남성에게 구속되기를 거부하고 독립을 표방한다. 여성인 자신도 자유로운 선택으로 독자적인 삶을 영위할 수 있다는 것이 그녀의 생각이다. 당대 밀로 대표되는 진보적 자유주의 사상의 영향을 받은 수는 사회적 인습이나 역할 규정에 수동적으로 따르기보다는 자신이 원하는 바를 자유롭게 선택해서 그에 따라 행동하겠다는 것이다.

필롯슨이나 주드와 결혼하게 되었을 때에도 수는 남성에게 의존하려 하는 대신 경제적인 독립을 원한다. 수는 독립된 생활을 유지하기 위해 교회 용구 상점에서 일을 하기도 하고, 교원양성학교에 들어가 교사 자격증을 따려고 노력하기도 한다. 수는 주드와 살면서도 경제적인 짐이 되지 않기 위해서 직접 일을 한다. 농업박람회에 출품한 대학 모형을 주드와 공동 제작한 후 "주드와 수의 합작"(232)이라고 새겨놓을 만큼 독립적인 태도를 보인다.

그렇지만 수는 신여성의 상투형에서 벗어난 면도 지니고 있다. 수는 극도의 심리적 갈등 속에서 무의식적으로 성을 억제하는 여성으로 형상화된다. 성에 대해서 복잡한 심리적 갈등을 겪기 때문에 수는 변덕스러워 보일 정도로 이상한 행동을 일삼는다.

수가 이와 같이 두 개의 상반되어 보이는 관점에서 형상화되기 때문에 이 소설은 많은 논쟁을 불러 일으켰고 지금까지도 그 논쟁은 계속되고 있다. 전자의 입장에서 수를 이해할 경우 수는 신여성의 전형적인 모습을 보여준다. 후자의 관점에서 이해할 경우 수는 신여성의 한 유형이기보다는 복잡한 심리 때문에 이상한 행동을 일삼는 여성이다.

그렇지만 일견 상반되어 보이는 두 개의 관점에서 이루어진 수의 형상화는 성에 대한 그녀의 양면적 태도를 반영한 결과이다. 수는 여성에게 가해지는 성적 억압에 반발하지만 그 억압 속에서 심각한 갈등을 겪게 되고 그 결과 복잡한 심리를 갖게 된다. 그래서 일견 모순되어 보이는 행동을 하게 된 것이다. 수는 주드가 비난하듯 단순히 "사랑유희를 즐기는 여자"(flirt)라고는 할 수 없다. 그녀는 체면을 존중하는 관습에 따라 단순히 얌전을 떨거나, 단지 남성을 괴롭히고 자신의 허영심을 만족시키기 위해 그러한 태도를 보이는 것이 아니다. 극도의 심리적 갈등으로 인해 홀로 설 수 없을 만큼 연약하므로 그녀는 변덕스러운 행위를 일삼는 것이다. 타고난 성적 본능을 애써 억누르려는 심리에서 수는 성해방을 부르짖기도 한다. 수가 성에 무감각한 무성의 존재인양 행세한다거나 무의식적으로 성을 억제하는 것은 모두 당대 사회가 가한 성적 억압의 심각성을 절박하게 드러낸다.

수가 결혼제도를 혐오하는 이유는 인습에 따라 결혼에 수반되는 의무와 역할, 다시 말해서 성 관계를 내심 두려워하고 있기 때문이다. 수에 의하면 결혼제도는 "남성이 국가의 관인아래 여성을 간직하려고 계약하는 것이며 남성의 구역 안에서만 사랑 받도록 인가해주는 끔찍하고 답답한 것이다"(203). 법적 결혼제도를 부정하는 수의 진보적 태도는, 사회제도가 여성에게 인위적으로 부과하는 역할 규정에서부터 벗어나 그것에 수동적으로 따르기보다는 자신이 원하는 바를 자유롭게 선택해서 그에 따라 행동하겠다는 의지로 보인다. 그렇지만 실상 그것은 그녀의 내부에 뿌리 깊게 자리 잡고 있는 성의 억제에서 비롯된 추상적인 것이다. 성 본능을 억눌러온 그녀에게는 자연스러운 육체 관계를 인정하는 결혼제도가 혐오스러운 것이다.

수의 심리가 복잡한 이유는 진보적 태도를 견지하려는 그녀의 의식적인 노력과 자신의 내면에 뿌리 깊게 자리잡고 있으면서 압력을 가하는 사회적 관습이 심한 갈등을 겪고 있기 때문이다. 수는 자신의 내면에 깊이 각인된 당대 사회의 관습과, 상대적인 존재가 아니라 하나의 구체적인 개체로서 인정받고자 하는 열망 사이의 긴장이라는 당대 사회의 전형적인 갈등을 구현하고 있다. 그녀를 전형적인 인물로 파악할 수 있는 근거는 그녀의 개인적 한계성이 본질적으로는 당대 사회적 한계성의 산물이라는 데 있다. 당대 사회에 만연한 지나친 인습 존중현상과 이의 타파를 주창한 밀의 진보적 자유주의 사상이 어우러지면서 가치관의 혼란과 심리적 갈등 그리고 회의감이 팽배하던 19세기 중, 후반의 시대적 산물이 수인 것이다. 하디가 수를 전형적인 인물로 창조하여 그녀의 한계성 속에 사회적 한계성을 투영할 수 있었던 토대는 그의 심오한 현실 인식이라고 할 수 있다. 하디에게는 사회적 관습이 본질적 차원의 삶이나 인간 관계에 미치는 결정적인 영향에 대한 보다

절실한 문제의식이 있었던 것이다.

『무명의 주드』의 위대성은 성 문제를 주로 다루거나 예술성이 없이 정치성만 강조된 일군의 신여성 소설과는 달리, 여성의 법적 지위나 교육의 문제 등 심오한 여성문제 인식을 담고 있을 뿐 아니라 수의 심리적 갈등을 실감나게 포착해내는 등 예술적으로도 잘 형상화되었다는데 있다.

THOMAS HARDY

Jude the Obscure

VI. 작품 해석

VI. 작품 해석

A.『무명의 주드』와 사회 개선론

I

『무명의 주드』에서 하디는 비관론으로 치우쳤다는 견해가 적지 않다. 하디의 다른 소설들에 비해 예외적인 작품으로 보일 만큼 비극적인 색채가 훨씬 짙게 나타나기 때문에 이러한 주장은 일견 설득력이 있어 보인다. 닫힌 세계의 암울함을 함축하는 순환적 구조를 가지고 있다는 사실 또한 이 소설에 하디의 비관론이 짙게 배여 있다고 주장하는 하나의 근거로서 거론된다. 그렇지만 비극적인 색채가 짙은 이 소설에서는 사회의 각 구성원들이 관습의 부당성에 대한 비판적 인식을 정립함으로써 사회를 점진적으로 개선하는 것이 현실 사회 내에서 실현 가능하다는 작가의 입장이 역설적으로 나타나 있다.

하디 소설에서 비극을 유발하는 데 중요한 요인으로 작용하는 것은 내재의지이다. 이것은 선이나 악과는 관계없이 인간의 불행을 야기하는 맹목적인 힘, 즉 우주에 내재하는 변덕스러운 의지로 간주되어 왔다. 하디가 염세주의자 내지는 비관론자로 평가되기도 한 것은 이 때문이다. 그러나 하디는 자기에게 부쳐지는 비관론자의 칭호를 거부하고 사회개선론자(meliorist)로 불리기를 원했다. 하디 소설에 비관적인 분위기가 농후함에도 불구하고 그 스스로 사회개선론자임을 자칭한 사실은 내재의지와 비관론적 운명론 그리고 사회개선론 사이의 관계에 강한 관심을 불러일으킨다.

하디를 운명론자 내지는 비관론자로 간주해온 지배적인 비평 경향에 반기를 들며 1970년대 일군의 비평가들은 그를 진화론적 사회개선론자로 평가하기 시작했다. 그들은 하디의 소설 속에서 당대 사상가

들, 특히 진화론자들의 영향을 찾아내면서 작중 인물들이 맹목적으로 운명에 휘둘리는 것이 아니라 자유의지를 갖고 행동한다고 주장한다. 그들은 비극적 상황을 개선하려는 인간의 의지에 초점을 두어 하디의 작품을 해석한다.

이와 함께 하디 소설의 비관적 분위기와 사회개선론자라는 작가의 입장 표명 사이의 이율배반적인 관계를 규명하려는 시도도 지속되었다. 하디 자신은 인간이 통제할 수 없는 운명에 대한 소설을 쓰려고 한 것이 아니었음에도 불구하고 결국에는 자유의지를 행사하지 못하는 인물들을 창출한 바, 그것은 한 인간으로서의 하디와 소설가로서의 하디 사이의 심리적 갈등 때문에 초래된 결과라는 해석이 있다(Southerington 125). 하디는 외면상으로만 사회개선론을 표방할 뿐이고 이미 내면적으로는 비관적인 성향에 흠뻑 젖어 있었다는 설명도 있다(Millgate 410-11). 그런가하면 하디가 관념적으로는 인간이 운명을 타고난다고 믿었으나 실제적으로는 인간 스스로 자신이 처한 상황을 개혁 내지는 개선시킬 수 있다고 생각했으리라는 입장도 있다(Collins 157). 이들은 하디의 심리적 갈등이나 모순에만 초점을 맞춘다. 그럼으로써 하디가 거론한 내재의지와 비관적 운명론 그리고 사회개선론 사이의 관계를 명쾌하게 설명해내지는 못한다.

II

로렌스는「토마스 하디 연구」(Study of Thomas Hardy)에서 하디 소설의 비극적 성격과 특징을 언급하면서, 하디 소설에서는 똑같은 비극이 되풀이된다고 지적한다(Lawrence 415). 인습으로 둘러싸여 안전하지만 억압을 느끼는 상태에서 벗어나 자유롭게 행동하기 위해 황야로 도피한 선구자적인 인물이 황야에서 죽게 되는 비극이라는 것이다. 따라서 로렌스가 보기에 하디 소설 속의 반항적이고 선구적인 인물의 운명은 한정된 인간사회에 국한되지 않고 인간의 세계 이상으로 거대하고 생생한 세계를 배경으로 연출된다.

> 삶 자체의 광대하고 탐험되지 않은 도덕률—우리가 자연의 부도덕성이라고 부르는 바로 그것—이 그 영원한 불가해성으로 우리를 둘러싸고 있고 그 한가운데서 인간의 왜소한 도덕극이 자기 나름의 도덕규범을 지닌 채 기계적인 동작으로 진행된다. 주인공 중에 어느 누가 무대에 싫증이 나서 정신없이 열중하던 그 테두리 바깥으로, 주위에서 활발하게 움직이는 황야를 들여다볼 때까지, 심각하고 엄숙하게 진행되는 것이다. 일단 바깥을 보고 나면 그 인물은 파멸한다. 그의 연극은 산산조각이 나거나 단순한 반복으로 변해버린다. 그러나 바깥의 거대한 극장은 아랑곳하지 않고 그 자체의 불가사의한 드라마를 계속 상연한다. (419)

그런데 로렌스가 하디 소설에 존재한다고 지적한 "삶 자체의 광대하고 탐험되지 않은 도덕률"이나 "자연의 부도덕성"은 의식적으로 통제할 수 없는 차원을 가리키는 것으로, 인습의 영향에서 자유로운 내적 무의식이나 내면의 충동적인 힘과 밀접한 관계가 있다. 그리고 그것은 하디가 언급한 운명이나 내재의지와 깊은 연관성을 갖는다고 할 수 있다. 하디 소설 속에서 내재의지는 개인의 의식적인 의지와는 무관하게 작용하는 내면의 충동적인 힘, 불합리한 충동, 동기 및 욕구, 자제할 겨를도 없이 무의식적으로 작용하는 성격, 유전, 운명, 그리고 자연 본연의 비인격적인 힘 등을 포함하기 때문이다. 로렌스의 비유를 토대로 이해해보면, 하디의 작중인물은 인습과 규범에서 벗어난 내적인 욕구를 느끼게 되고, 그 결과 결국 비극을 맞는다. 여기에는 인습의 요구와 내적인 욕구간의 갈등과 충돌이 결국 그 인물을 파멸로 이끈다는 의미가 함축되어 있다. 따라서 하디 소설에서 비극의 중심 원인은

로 작용하는 내재의지 중의 하나는 극복되지 못한 채 내면화된 갈등 및 모순이라고 할 수 있다.[1)]

하디 소설에서 인물이 비극을 맞는 데 적지 않은 영향을 미치는 우연성도 내재의지와 밀접하게 연관되어 있다. 우연히 발생하는 듯이 보이는 사건들은 사실은 단순한 우연이기보다는, 인물의 내면적 동기와 무의식적 욕구 즉 내재의지로부터 필연적으로 연역되어 나오는 면이 크기 때문이다. 하디가 언급하는 내재의지를 제대로 이해할 때, 그는 일어나게 되어 있는 일이 일어날 뿐이며, 그 '필연성'의 결과 때문에 인간은 어쩔 수 없이 고통을 당한다고 생각했음이 분명해진다. 이 점에서 하디는 운명론자기보다는 결정론자라고 할 수 있다. 하디가 인물의 자유로운 선택에도 불구하고 인과율의 작용에 의거한 필연성 때문에 비극적 결말을 맞게 되는 것을 최고의 비극으로 보았다는 사실은 위 주장의 분명한 근거가 된다.

하디 소설에서 내적 무의식이나 내면의 충동적인 힘을 포괄하는 "삶 자체의 보다 큰 도덕률"에는, 한 인간이 사회 인습이나 법의 영향을 받지 않은 상태에서 본능적으로 감지한 자연 본연의 관점도 포함된다고 할 수 있다. 그런데 로렌스의 표현을 빌어 말해보면, 자기 나름의 도덕 규범을 지닌 채 기계적으로 진행되는 인간 사회의 왜소한 도덕극의 테두리를 벗어나서 그 테두리 바깥에서 "삶 자체의 도덕률"을 감지할 경우, 그 인물은 파멸한다. 내적인 갈등과 분열에 휩싸이게 된 인물이 결국 이를 극복하거나 그 사이에서 조화를 이루어내지 못하기 때문이다. 이런 점에서 "삶 자체의 도덕률"이 다만 수동적이며 소극적으로만 침범되며 주인공과는 아무런 직접적인 연관성이 없다는 로렌스의 주장과는 달리, 그것은 인물과 직접적으로 관련이 있다고

1) 내재의지는 인간의 내면적인 충동이나 성격 또는 유전 등의 내적 요인으로 뿐 아니라, 환경이나 상황 등의 외부적인 요인들로 작용하면서 인간을 조정하기도 한다. 하디가 자신의 소설을 '성격과 환경 소설'로 명명하고 있는 것은 이 때문이다.

할 수 있다.[2)]

하디 소설에서는 인물 내부의 분열 양상의 결과가 내적 무의식이나 내면의 충동적인 힘으로써 표출되는데, 이것이 바로 인물이 비극을 맞음에 있어서 내재의지로 작용한다고 할 수 있다. 이 점에서 내재의지는 개선의 가능성을 내포한다. 인간 내부의 분리 및 분열은 고정 불변하는 것이 아니라, 개선되고 치유될 수 있기 때문이다. 하디에게 있어서 의지는 폰 하트먼(Von Hartman)의 영향을 받은 것으로 기본적인 에너지이자 무의식적인 추진력이다.[3)] 의지를 현상의 기초로 보는 쇼펜하우어(Schopenhauer)와는 달리, 하트먼은 『무의식의 철학』(*The Philosophy of the Unconscious*)에서 무의식을 현상의 기초로 파악한다. 무의식적인 에너지는 의지이기도 하고 무의식이기도 하다는 것이 하트먼의 견해이다. 이러한 하트먼의 사상으로부터 하디는 진화론적 사회개선론을 도출해낸다. 본능적인 충동을 무의식의 과정으로 볼 수 있는데 이 무의식에 자극을 가함으로써 바람직한 행동을 할 수 있고 궁극적으로는 자기실현을 도모할 수 있게 된다고 파악한 것이다.

하디의 진화론적 사회 개선론은 하트먼의 영향 뿐만 아니라 다윈의 진화론의 영향을 받았다. 다윈에 따르면 인간을 포함한 자연계는 이질적인 요소의 갈등과 융화를 통해 더 나은 방향으로 진화한다. 다윈의 영향을 받은 하디의 진화론적 사회개선론 역시 인물의 의식 안의 양면적인 속성을 인정한다. 인간 내부의 갈등하는 이질적 요소 사이에서

2) 그런데 하디의 소설에 대한 로렌스의 이러한 입장은 바로 이 「토마스 하디 연구」에서 변화를 보인다. 로렌스는 하디의 소설에서 존재의 개화를 이루어 자기완성에 이르는 인물과는 달리, 개화하지 못한 채 시들고 마는 인물에 관심을 가져 그가 왜 죽어야만 하는가라는 물음에 대한 답을 구하다가, 그 과정에서 '의식의 진화'(the evolution of consciousness) 문제를 맞닥뜨리게 된다. 즉 하디의 인물이 내부에서의 분열 및 육신과 정신간의 투쟁을 겪고 있음을 알아차린다. 로렌스는 이후 자신의 애초의 이해가 잘못되었음을 깨닫고 하디 소설의 주제가 의식의 분열 및 정신과 육체간의 갈등의 문제라는 인식에 도달하게 된다.

3) 이밖에도 하디의 내재의지 사상은 찰스 다윈, 허버트 스펜서, 존 스튜어트 밀, 그리고 아써 쇼펜하우어의 영향을 받았다.

균형이 유지되고, 궁극적으로는 의식 속의 양면적인 속성이 조화롭게 통합될 때 비극은 피해질 수 있고 그 인물이 몸담고 있는 사회 또한 개선될 수 있다는 것이 하디의 사회개선론이라 할 수 있다.

III

사실 이 소설에는 운명론적 비관론으로 이해될 수 있는 대목이 적지 않게 등장한다. 가령 드루실라 숙모는 주드의 폴리 가문이 항상 운명적으로 불행한 결혼 생활을 해왔으므로 절대로 결혼해서는 안 된다는 생각을 주드에게 수시로 주입시킨다. 그녀의 유전적 운명론은 주드를 비관론에 사로잡히게 할 뿐 아니라, 소설 전체에 운명론적 색채를 깊게 드리운다. 주드 또한 파더 타임이 몰고 온 비극을 인간 존재의 보편적인 비극이라는 차원에서 이해하는 운명론적인 태도를 보인다. 주드가 파악하기에 파더 타임은 사회에 "점차 보편화되어 가는 살고 싶지 않다는 생각"(264)을 지녔고 그 결과 죽음의 길을 선택한 것이다. 주드는 파더 타임에 의한 아이들의 죽음을 일반적인 사회 현상의 문제로 이해한다. 주드의 운명론은 그가 죽어 가는 순간에 더 심화된다. 그는 욥이 스스로를 부정하고 저주하는 욥기의 한 구절을 처절하게 읊으며 죽어간다(318). 이로써 주드의 비극은 욥의 비극과 연관되고 인간 존재에 본질적으로 내재하는 고난의 보편성으로 확대되기도 한다. 따라서 이 부분에서 허무주의적이고 염세적인 분위기가 느껴지기도 한다는 점을 부인하기는 어렵다.

그렇지만『무명의 주드』에서 하디가 비관론에 치우쳤다고 보기는 어렵다. 이 소설에서는 주드의 비극이 운명적으로 주어진 것이 아니며, 또한 그가 자신을 압박해온 인습의 압력을 초월해서 성숙한 인식에 도달했다는 사실이 부각되기 때문이다. 소설의 내용에 담겨 있는 바, 주드가 비극을 맞게 된 원인으로는 당대 사회 체제와 제도의 경직성 및 관습의 편협성 그리고 높은 이상을 세워놓고도 본능적인 충동을 이겨내지 못한 그의 나약성을 들 수 있다. 대학 교육을 받아 한 인간으로서의 자아를 실현함과 동시에 신분을 상승시켜 보려는 주드의 꿈은, 크라이스트민스터의 한 학장이 보낸 완곡한 거부의 편지로 산산조각 난다. 그 편지는 주드로 하여금 그가 하류 계층에 속한다는 엄연한 현실에 대한 자각과 계층상승의 어려움을 고통스럽도록 분명히 깨닫게 해준다. 당대의 두터운 계급적 장벽과 경직된 체제는 대학 교육에 대한 주드의 꿈을 무참히 짓밟는 것이다. 그렇지만 주드의 비극이 이로 인해서 초래되는 것은 아니다.

원하지 않았음에도 불구하고 사회 규범 상 피할 수 없었던 아라벨라와의 결혼은 주드로 하여금 사회를 비판적으로 인식하게 만든 계기가 된다. 그 결혼이 환멸로 끝난 후 주드는 일반적인 통념이나 사회적인 관행에 문제가 있음을 깨닫는다. 그후 사촌이자 이제는 필롯슨의 아내가 된 수와 억누를 수 없이 격정적으로 키스하고 난 후 주드는 종교적 법을 지키는 사도가 되려는 생각을 완전히 버리고 자기가 옳다고 생각하는 방식에 따라 살아갈 것을 결심한다(171-72). 크라이스트민스터에 대한 꿈의 좌절, 법적 결혼을 원치 않는 수와의 동거 때문에 그에게 가해지는 주위 사람들의 편견과 관습의 압력, 그리고 경제적 궁핍과 병마 속에서도 그는 의연하게 삶에 대한 강한 의지를 보인다. 크라이스트민스터에 다시 돌아와 군중에게 연설할 때 적대적인 주위 환경으로 인해 고통받았음에도 불구하고 그 고통에 괘념치 않고 자신을 변호할 수 있을 정도로 의연한 주드의 태도가 그 예이다. 경직된 사회체제와 편협한 관습을 넘어서서 사회를 개선시킬 수 있는 가능성이 주드에게서 엿보이는 것이다.

인습의 압력에서 자유로워질 수 있다는 하디의 입장은 주인공인 주드의 성숙 과정을 통해 현실성 있고 설득력 있게 제시된다. 주드는 관습의 부당성을 비판적으로 인식할 수 있는 성숙에 도달할 수 있었다.

더 나아가 그는 인습을 넘어서는 성숙된 인식을 바탕으로 하여 개선될 수 있는 가능성을 충분히 보여 주었다. 따라서 이 소설에 하디의 비관론적 운명론이 드러났다고 할 수 없다.

물론 개선에의 가능성을 보인 주드가 결국은 비극적 죽음을 맞이한다는 사실은 하디의 사회개선론자로서의 입장에 의문을 품게 하고 그를 비관론자로 간주하게 만드는 요인이 될 수도 있다. 그런데 이 문제는 주드가 과연 비극을 맞게 된 직접적인 원인이 무엇이고, 성숙된 인식을 얻을 수 있었던 주드로 하여금 비극을 맞이하게 한 하디의 의도가 무엇인지를 이해하면 설명이 될 수 있다. 주드가 비극적으로 죽게 되는 이유는, 그의 건강한 충동과 높은 이상이 적대적인 주위 환경에 의해 파멸되자 스스로 붕괴되었기 때문(Sumner 153)이기 보다는, 수의 예기치 않은 변모 때문이다. 아이들의 죽음을 인습에서 벗어난 자신에 대한 신의 징벌로 간주하게 된 수는, 관습에 비판적이던 예전의 진보적 태도와는 정반대로 인습에 굴복해버림으로써 궁극적으로 주드를 비극적 죽음으로 몰아넣는다. 사랑하는 주드를 버리고 필롯슨에게 돌아간 수는 아무런 사랑도 느끼지 않는 그와 의무적인 육체관계를 맺기 시작함으로써 의식과 정신 모두를 인습적 종교의 희생물로 바친다. 주드의 비극적 결말은 수의 인습에의 굴복이 더 이상 돌이킬 수 없을 만큼 극단화되어 감을 확인하는 과정과 일정한 비례관계에 있다.

수의 영향 탓에 주드가 비극을 맞는다는 사실에는 수가 변화하게 된 원인 즉 사회적 관습이 한 개인에게 가하는 억압의 심각성을 여실히 드러내려는 하디의 의도가 함축되어 있다. 비록 수는 인습에 굴복해버리지만, 관습을 넘어서서 사회를 개선할 수 있는 가능성이 주드를 통해서 제시되었음은 앞서 확인된 바이다. 따라서 가장 비극적 결말을 지닌『무명의 주드』에서도 하디의 비관론적 운명론이 드러났다고 할 수는 없다.

인용 문헌

Collins, D. L. *Thomas Hardy and His God: A Liturgy of Unbelief.* New York: St. Martin's Press, 1990.

Hardy, Thomas. *Jude the Obscure*. 1895; rpt. New York: Norton, 1999.

Lawrence, D. H. "Study of Thomas Hardy." *Phoenix: The Posthumous Papers of D. H. Lawrence*. Ed. Edward D. McDonald. New York: Viking Press, 1972.

Millgate, M. *Thomas Hardy: A Biography.* Oxford: Oxford UP; New York: Random House, 1982.

Southerington, F. R. *Hardy's Vision of Man.* New York: Barns & Noble, 1971.

Sumner, Rosemary. *Thomas Hardy: Psychological Novelist*. London: Macmillan, 1981.

B. 빅토리아조 성 담론 패러디로서의『무명의 주드』

I

『무명의 주드』를 올바로 이해하기 위한 중요한 관건은 여주인공 수를 제대로 파악하는 것이라 할 수 있다. 수는 주드와 함께 소설 전개에 중요한 역할을 담당할 뿐 아니라 주드의 비극적 죽음을 초래하는데 가장 결정적인 영향을 끼친 인물이기 때문이다. 이제까지 많은 연구가 행해졌음에도 불구하고 수라는 인물에 대해서는 비평적 합의가 이루어졌다고 보기 어렵다. 그만큼 수의 성격 및 행동 양식 그리고 거기에 함축된 의미를 온당하게 자리매김하는 것은 만만치 않은 작업이다. 그런데 특수한 한 개인의 이상 심리로 보이기까지 하는 수의 성격은 하디가 수의 성격이나 행위를 통해 빅토리아조 성 담론을 패러디하고 있음을 간파할 때 제대로 이해할 수 있다. 패러디는 원전을 의도적으로 모방하여 아이러닉하게 전도하는 풍자를 함으로써 원전의 문제점을 부각시키는 일종의 저항전략이라고 할 때, 하디는 당대의 성 담론이라는 원전을 패러디함으로써 그 담론이 여성의 구체적인 실상과는 무관한 남성 중심적인 허구에 불과함을 폭로하고자 했다고 볼 수 있다.

하디의 여성 문제 인식에 대해 비평가들은 합의에 이르지 못하고 크게 두 갈래의 상반된 관점을 취해왔다. 한편에서는 하디의 여성관을 진보적인 것으로 평가하는 반면, 다른 한편에서는 여성 인물이 서술자의 남성적 시각에 갇혀 있다는 점에서 인습의 틀을 벗어나지 못한 하디의 보수성을 찾아낸다. 근자에 이르러서는 이 두 관점을 절충하는 입장이 보편화되었다.『무명의 주드』에 나타난 하디의 여성관에 대한 최근의 논의에서는 대체로 하디의 의식과 무의식 사이의 분열, 모순적이고 양면적인 여성관, 그리고 일관성의 결여가 지적된다. 하디 내지는 서술자는 진보적인 목소리를 내는가 하면 다른 한편으로는 여성을 대상화하는 부수적인 시각을 취한다는 것이다(Genette 185 94).

그렇지만 하디의 여성관이 일관성을 결한 것으로 보이는 이유는 빅토리아 시대 남성 중심적인 성 담론이 패러디되고 있기 때문이고 사실 하디는 일관되게 당대 성 담론에 비판적이었다. 이 글에서는 먼저 당대 성 담론과 신여성의 특징 및 둘 사이의 관계를 점검한 다음, 수의 성격 및 태도나 행위를 통해서 빅토리아 시대의 성 담론이 패러디된 양상을 살펴보겠다.

II

빅토리아 시대 성 담론이 갖는 특징 중의 하나는 여성의 '몸'이 어떻게 구성되는가에 대한 담론이 많고 여성의 성에 대한 해석 망이 다각도로 구축되었다는 점이다. 빅토리아 시대에 '몸'에 대한 담론이 팽배했던 배경에는, 성욕이 인류를 퇴보시켜 결과적으로 인류의 종말을 초래할지 모른다는 세기말적 불안감과, 여성의 성에 대한 두려움이 자리잡고 있다. 여성의 육체를 두려워하게 된 남성은 여성의 신체적인 요소로부터 일정한 거리를 두고자 했다. 이러한 생각은 당대의 의학담론이나 성 담론에서 곧잘 발견된다(Roy Porter & Lesly Hall, *The Facts of Life*, 이석구 672 재인용).

당대 성 담론의 또 하나의 특징은 남녀를 성별에 따라 엄격하게 구분할 뿐 아니라 여성을 이분법적으로 양분한다는 점이다. 여성은 이분법적 기호 즉 순결한 여인인 성녀과 타락한 여인인 창녀로 표시되었다. 남성성을 지킬 필요성에 따라 남성이 구축한 성 담론에 따르면 여성은 희생적이며 수동적인 무성의 존재이다. 성적 욕망이 없을 때 순결한 여성으로, 그렇지 않을 때는 창녀로 규정됨에 따라, 여성은 처녀성을 지켜야 한다는 강박증을 갖게 되고 자신의 육체를 수치로 여기며 혐오하게 되었다. 순결하지 못한 여성은 성욕이 강한 악마적인 여성상으로 매도되는 단순논리 또한 횡행했다. 정신적인 추구에 뜻을 둔 남성을 타락시켜 동물적 본능을 쫓도록 만들고 궁극적으로는 파멸에 이르도록 유도하기 때문이라는 것이다. '타락한 여인'을 두려워한 빅토리아인들은 여성의 성을 재생산에 한정시키고 가부장제의 지배하에서 그것을 통제하려 했다.

빅토리아 시대에는 히스테리에 관한 담론 또한 많이 생산되었다. 『무명의 주드』가 출판되기 3년 전 신경학자인 호라시오 브라이언 던킨(Horatio Bryan Donkin)이 히스테리에 대해 내린 정의에 따르면, 히스테리의 가장 중요한 증상은 과장된 자의식이고, 히스테리컬한 사람은 반사회적인 개인주의자이다. 히스테리를 과도한 자의식에서 비롯된 정신질환으로 보며 히스테리컬한 사람은 사회에 잘 융화되지 못한다고 규정한 것이다. 이와 유사한 태도를 스텃필드(E. M. Stutfield)에게서도 찾아볼 수 있다. 1897년 스텃필드가 내린 진단에 따르면 허영심이 있고 자기중심적이며 이기적인 히스테리 환자는 자기몰입으로 인한 질병으로 때 이른 죽음을 맞게 된다. 과학적인 치료를 위해서라는 명분을 내걸지만 실제로는 도덕적인 판단을 내리는 이러한 해석은 히스테리에 관한 19세기적 언급의 전형적인 예이다. 특히 여성의 육체는 히스테리에 취약하다는 생각, 즉 푸코(Foucault)가 주장하듯이 "여성 육체의 히스테리화"(hysterization of woman's bodies) 현상이 빅토리아 시대에 만연했다(Brady 89 재인용). 여성이 '어머니' 내지는 어머니의 부정적인 이미지인 히스테리컬한 여성으로, 즉 야누스의 두 얼굴을 지닌 존재로 간주된 것은 이 때문이다. 남성들은 히스테리를 여성의 질병으로 보는데 이는 육체에 있어서 두려움과 혐오감을 불러일으키는 모든 것을 여성에게 투사함으로써 자신을 부패 및 타락으로부터 벗어나게 하려는 필요성 때문이다.[1] 캐롤 스미스 로젠버그(Carroll Smith Rosenberg)

1) 셔틀워쓰(Shuttleworth)에 따르면 19세기 남성들은 "여성의 분비작용"(secretions)에 대해 거의 히스테리에 가까운 우려와 조바심을 보였다. Brady 89 재인용.

는 히스테리를 다음과 같이 설명한다. "의사들에 따르면 히스테리컬한 여성은 쉽게 영향을 받으며 나르시스적이다. 그들은 변덕스러운 기분에 좌우되므로 극히 불안정하고 극도로 자기중심적이다. 히스테리컬한 여성은 성적으로 자극적으로 보일지 모르지만 실제로는 보통 성에 냉담하다"(Brady 96 재인용). 로젠버그의 언급을 참고해보면, 당대 의사들이 히스테리컬한 여성의 성격을 어떻게 규정했는지를 짐작할 수 있다. 자아도취성, 자기중심성, 불안정성, 무성성, 성에 대한 냉담성이 주로 히스테리컬한 여성의 특징으로 간주된 것이다. 이러한 성격적 특징 때문에 히스테리컬한 여성은 사회에 잘 적응하지 못한다고 주장되었다. 당대 히스테리 담론에서는 사회가 개인에게 끼칠 수 있는 영향이 고려되지 않은 채 히스테리의 원인이 개인적인 문제로 돌려지고 있다.

여성을 이분법적으로 나누는 성 담론이나 히스테리 담론과 연관지어 살펴보아야 할 것은 신여성의 문제이다. 신여성들은 남성의 통제에서 벗어나기 위해서 자신의 성욕을 부인하거나 혹은 거기에 탐닉한다. 또한 남성과 동등하게 정신 작용을 하는 생각하는 존재로 간주하면서 남성의 지배를 무조건적으로 받는 상태에서 벗어나려 했다. 남성의 입장에서 볼 때 이는 당대 사회에서 구축된 여성성 뿐 아니라 남성성에 대한 정의를 위태롭게 하는 것이었다. 따라서 빅토리아조 남성들은 신여성의 이러한 독립추구를 과도하게 신경을 곤두세워 조바심 내는 히스테리적 행위의 표현으로 보았다. 여성은 지적인 사고가 아니라 재생산을 하기에 적합한 존재이므로 신여성의 정신 행위는 남성의 경우와는 달리 결코 합리적인 결과에 이를 수 없기 때문이라는 것이다. 여성의 에너지는 생리 현상에 따라 자연스럽게 허리 아래로 향하게 되어 있으므로 이를 거스르는 어떠한 시도도 돌이킬 수 없는 결과를 낳는다는 생각이 당대 남성들 사이에서 팽배했다.[2] 사춘기 때 시작되는 여성

2) 이러한 생각이 헨리 모슬리(Henry Maudsley)의 책에 나타나는데 하디는 그가 쓴 책의 내용을 알고 있었다 한다.

고유의 재생산 활동인 월경 때문에 여성은 남성과는 달리 이성적으로 추론할 능력이 없다는 것이다. 따라서 여성이 교육을 받는다는 것은 정신적 혼란과 육체적 불감증 및 불능 상태를 초래한다고 간주되었다. 19세기 후반에 이르면 신여성에게서 여성 고유의 질병인 히스테리가 더 심화된 형태로 나타난다는 생각이 의학 담론을 통해 널리 배포된다.[3] 신여성을 히스테리컬하다고 진단할 뿐 신여성이 생겨나게 된 사회 구조나 문화적 맥락을 도외시한다는데 당대 히스테리 담론의 한계가 있다.

III

『무명의 주드』에서의 여성 인물 형상화는 히스테리나 신여성을 둘러싼 당대 성 담론에 부합된다. 수는 당대 신여성을 염두에 두고 설정된 인물이다. 이는 하디 자신이 인정한 바이다.[4] 하디는 1912년도 판 책의「서문」에서 수를 "가냘프고 창백한 독신남 같은 처녀 여권운동가이자 지적이고 해방된 사고를 하는 날카로운 신경 다발로서 아직까지는 주로 도시에서 발견되는 현대의 산물"로 정의했다(Millgate, Brady 105 재인용). 그런데 흥미롭게도 수에 대한 하디의 언급은 당대 신경학자들이 히스테리를 정의한 것과 유사하다.

신여성으로서의 수의 면모는 성적인 종속에서 벗어나려 한 점에서 잘 나타난다. 그 당시에는 이성적이고 지적인 사고 능력을 가진 남성과는 달리, 여성은 출산과 양육의 능력만을 갖춘 것으로 이해되어 남성의 성적 도구로서의 의미만 부여받았다. 신여성은 이러한 통념에 맞

3) Eric Trudgill, *Madonnas and Magdalens: The Origins and Developments of Victorian Sexual Attitudes* (London: Heinemann, 1976), 64. Brady 95 참고.

4) 하디가 수를 '신여성'으로 설정했다는 점은『무명의 주드』를 드라마로 만든 작품에 '신여성'(New Woman)이나 '관념의 여자'(Woman of Ideas)라는 제목을 달까 생각했다는 사실에서 더욱 분명해진다.

서 성을 통제하고 지적인 능력을 과시하는 방법을 택하게 된다. 수는 남성의 성적 대상이 되지 않기 위해서 성에 무감각한 무성의 존재인양 행세한다는 점에서 당대의 전형적인 신여성의 면모를 보인다.

또한 수는 남성과 동등하게 경제적으로 독립된 생활을 해나가려 한 신여성의 모습을 보여준다. 남성에게 구속되기를 거부하고 독자적인 삶을 영위하려 하는 수에게서는, 남성은 사회 활동에 여성은 가정 일에 적합하므로 여성은 남성에게 의존하는 삶을 살아가게 되어 있다는 성별화된 사회 역할론 및 성 차별론에 과감하게 도전하는 신여성적인 태도를 찾아볼 수 있다. 경제적 독립을 유지하기 위해 교회 용구 상점에서 일을 하고 자격증을 따기 위해 교원 양성학교에 들어간 수의 모습은 그 노력의 표현이다. 필롯슨이나 주드와 결혼하게 되었을 때에도 수는 그들에게 경제적으로 의존하려 하는 대신 직접 일을 한다.

수와 아라벨라가 극단적으로 대조되게 형상화된 것도 여성을 이분법적으로 양분하는 당대 성 담론에 부합된다. 수를 아라벨라와 반대극에 있는 인물로 정의하려 하는 주드의 관점은 당대의 여성관을 반영한다. 주드에게 있어서 수는 하나의 이상, 신성, 비전, 구체화되지 않은 환영, 기이하고 환상적인 백일몽, 육신 없는 존재, 아무리 껴안으려 해도 허공 속에서 헛된 몸짓으로 남게 되는 여성이다. 주드가 보기에 영적인 존재로 여겨질 만큼 성욕과는 무관한 순결한 여인인 수는, 당대 집안의 천사 이미지에 상응한다. 수와는 정반대로, 성을 이용하여 남성을 유혹하는가 하면 술집에서 여급 일을 하기도 하는 아라벨라는 "암컷"(33)으로 단정지어질 만큼 동물적인 창녀로 규정된다. '영적인 존재'로 간주되는 수나 '동물'로 매도되는 아라벨라의 인물 형상화에는 여성의 성과 육체를 향한 당대 남성들의 두려움과 불안감 또한 반영되어 있다.

하디가 당대 성 담론에 부합되게 인물을 설정한 것은 사실이다. 그렇다고 해서 그가 그것을 수용하고 있었던 것은 아니다. 하디는 당대

성 담론에 따라 인물을 형상화하는듯 하지만 사실은 성별 이분법 안에서 발견되는 틈새를 넌지시 시사함으로써 성 담론을 전복한다. 당대 성 담론을 패러디하는 것이다. 가령 무성적이어서 영적인 존재로 간주되기도 하는 수를 자세히 살펴보면, 그녀의 무성성은 여성을 집안의 천사 아니면 창녀로 구분하는 이분법을 내면화하고 있는데서 비롯된 것일 뿐 실상 그녀에게는 여성적 본능이 있다. 아폴로와 비너스의 나신상 구입, 주드와의 관계에서 애써 격정을 숨기려 하기, 또한 주드를 떠난 후 그와의 행복했던 시절을 상기시키는 화려한 잠옷을 불태우며 격정을 거부하려고 하는 것 등이 그 예이다. 수는 육체적 불감증 때문이 아니라 사회적으로 성애를 죄와 연관시키는 문화의 영향을 받고 있기 때문에 성을 꺼린다.

아라벨라라는 인물 설정 또한, 집안의 천사 이미지에 부합되지 않은 여성을 모두 사악하고 야만적인 존재로 간주해버리는 당대의 성 담론에 부합된다. 강한 성적 욕구를 지니고서 남성을 유혹해 타락으로 유도하는 위험한 여성으로 그려졌기 때문이다. 그렇지만 창녀 이미지 이면에는 가진 것이 없는 하류 계층 여성으로서 살아남기 위해 발버둥칠 수밖에 없는 절박한 사회 경제적 현실에 대한 암시가 있다. 당대 성 담론을 그대로 따르는 듯 하지만 실제로는 그것이 구체적인 실상과는 거리가 먼 허구임을 시사한다. 아라벨라라는 인물 형상화를 통해 당대 성 담론을 패러디하는 것이다.

아이들의 죽음 후 주드를 버리고 필롯슨에게 돌아가는 수의 행위를 통해서는 속죄를 통한 구원이라는 패턴이 패러디된다. 기독교적 문화의 영향으로 당시에는 여성의 타락이 단죄되는 가운데, 구원받기 위한 속죄와 회개가 강조되었다. 수는 파더 타임이 자기가 낳은 아이들을 죽인 것은, 자연적 본능을 따른 자신과 주드에게 가해진 하늘의 천벌이라며 '히스테리컬한' 반응을 보인다. 이제까지 자신들은 이기적이고 부주의하며 심지어 불경스러웠고 아이들의 죽음은 이에 대해 신이 내린 심판이라는 것이다(275). 자연의 결혼이있다는 주드의 말에 "하늘의 결혼"(276)은 아니었다고 응수하면서, 수는 '속죄'하기로 결정한다(270). 아이들의 죽음을 분노한 신의 복수로 이해한 수는 '회개'하기 위해서 인습적인 종교의 묵인을 받아온 법적 결혼 제도와 형식에 따름으로써 종교적 의무를 다하기로 결심한다. 교회에서 결혼식을 올린 필롯슨이 합법적인 남편이라면서 그에게로 되돌아간 것이다.

수의 '속죄'와 '회개'는 그녀를 '구원'하지 못할 뿐 아니라 주드의 비극적인 죽음을 초래한 결정적인 계기가 된다. 자포자기 상태에서 인습적인 종교에 맹목적으로 순응하는 수의 모습은 삶의 활력이나 생기를 상실한 채 거의 죽은 것이나 다름없다. 주드가 보기에 수는 이전에 그의 존경심을 불러일으킬 만큼 눈부신 지성으로 인습과 형식의 문제점을 간파할 수 있었던 과거의 그녀가 아니다. 수의 변모는 인습적인 종교가 옳지 못함을 간파하는 등 사회 통념을 뛰어넘는 안목을 견지할 수 있게 된 주드의 변화와 극명하게 대조된다. 주드가 변화하게 된 데는 수의 영향이 컸기 때문에 주드와 수의 뒤바뀐 입장은 비극적 아이러니를 느끼게 만든다. 수의 갑작스러워 보이는 변모는 그로테스크하고 어이없는 행위로 처리되어 독자로 하여금 아이러니를 더욱 절실하게 느끼게 만든다.[5] 주드를 버리고 필롯슨에게 돌아간 수가 결코 '구원'받은 것이 아니라는 사실은 그녀의 괴로운 심리상태를 꿰뚫어 보고 "수는 앞으로 영원히 평온함을 얻을 수 없으리라"(322)는 아라벨라의 예리한 지적으로 끝맺어지는 결말 부분에서 다시 한 번 확인된다. 수의 갑작스러워 보이는 변모를 통해 기독교적 문화에 기반한 성 담론이 패러디되고 있음을 알 수 있다.

수가 주드를 떠나 필롯슨에게 돌아가는 장면은 외형상 집안의 천사

5) 파더 타임 등 비사실적인 인물을 등장시키고 부조리하게 보일 정도로 어느 한 면을 과장해서 부각하는 등 알레고리를 사용한 인물 형상화도 패러디라는 서술 전략과 연관지어 볼 수 있을 것이다.

로 복귀하는 것처럼 보인다. 그렇지만 사실 이 대목에서는 히스테리 환자의 병은 집안의 천사로 복귀할 때 치유될 수 있다는 담론이 패러디되고 있다고 할 수 있다. 히스테리컬한 여성은 자기희생을 통해 궁극적으로 집으로 복귀할 수 있고 이러한 희생적인 행위를 통해 여러 문제가 해결될 수 있다는 것이 당대의 일반적인 담론이었다. 하디는 수의 돌변 행위가 주드를 죽음으로 몰아넣은 치명적인 원인이었음을 보여줌으로써 이러한 담론을 아이러닉하게 전도하고, 수의 '희생'이 과연 바람직했는지를 반문한다.

수의 갑작스러워 보이는 변모를 당대 성 담론에 대한 패러디로 볼 수 있는 또 하나의 예로는 '회개'를 위해 사랑하지 않는 필롯슨에게 몸을 바치는 장면을 들 수 있다. 주드와 열렬하게 키스하고 헤어진 후 수는 필롯슨에게 그 사실을 고백하면서 신약성서에 손을 얹고 맹세를 하는데, 이 장면은 마치 신부 앞에서 고해성사를 하는 것처럼 그려졌다. 푸코에 따르면 구교의 고해성사는 몸과 마음에 대한 파놉티콘 즉 감시체계이다. 19세기의 '성 과학'(sexual science)에서 사용했던 '고백' 역시 우리 몸과 영혼의 가장 미세한 움직임까지 통제하는 억압의 수단이었다는 푸코의 주장에 따른다면, 이 장면에서는 고해성사를 통한 속죄와 이에 따른 구원이라는 기존의 기독교적인 틀이 패러디된다고 할 수 있다.

희비극적 분위기를 조성함으로써 독자로 하여금 비관적이고 염세적인 소설 내용의 틈새에 함축된 다른 의미를 읽을 수 있게 유도한다는 사실 또한 하디가 수의 돌변 행위 및 이로 인한 주드의 비극적 죽음을 통해 당대 성 담론을 패러디하려 했음을 예증한다. 심각하고 진지한 내용의 모방을 우스꽝스럽게 하는 것도 패러디의 전략에 포함되기 때문이다. 하디는 주드의 비극적 죽음 장면과 그 주변에서 일어나는 희극적인 장면을 병치시킨다. 처절한 자기연민과 자기부정에 빠져 저주의 말을 뇌까리며 죽어 가는 주드의 모습은, 지극히 경박한 인물들인

엉터리 약장수 빌버트와 아라벨라 사이의 저속한 희롱 장면이니, 새 남편감을 염두에 둔 아라벨라가 잘 차려입고 축제에 참가하여 즐기는 장면과 아이러니컬하게 병치된다. 빌버트와 아라벨라를 둘러싼 장면은 우스꽝스러운 것으로 씁쓸한 웃음을 짓게 만든다. 또한 주드가 욥이 한탄하는 구절을 읊조릴 때마다 그것은 바깥 축제장에서 들려오는 만세 소리와 아이러니컬하게 병치된다. 이렇게 조성된 우스꽝스러운 분위기 속에서 독자는 주드나 수의 비극에 감정적으로 몰입되지 않고 일정한 거리를 두면서 그 비극의 의미를 음미할 수 있게 된다. 패배감에 젖어 죽어 가는 주드의 모습만 제시되었더라면 허무감과 암담한 절망감 그리고 염세적인 비전만을 주었을 것이다.

IV

최근까지도 국내외 비평계에서 논의의 쟁점이 되어온 바, 수의 성격 설정 및 갑작스러워 보이는 수의 변모는 당대 성 담론에 대한 패러디라는 맥락에서 볼 때 제대로 이해될 수 있다. 패러디를 통해 하디는 여성의 구체적인 실제 삶과 유리된 당대 성 담론의 문제점을 부각시킨다. 더 나아가 기독교적 인습에 비판적인 입장을 표명하던 수가 내면에서는 기독교적 율법에 깊이 사로잡혀 있음을 보여줌으로써 그것이 당대인의 마음속에 얼마나 뿌리 깊게 자리 잡고서 막대한 영향을 끼쳤는지를 폭로한다.

『무명의 주드』에서 하디는 성 차별론이나 성 역할 구분론 그리고 여성의 타고난 연약함을 당연시하는 생물학적 결정론에 입각한 빅토리아조 성 담론을 패러디함으로써 그것이 여성의 실상이나 구체적인 실제 삶과 유리되고 여성의 심리적인 갈등에 대한 깊은 이해를 결여한 남성 중심적인 추상적인 관념에 불과한 것임을 비판한다. 이 사실은 이 소설의 부제 "문자가 우리를 죽인다"(The letter killeth)에서도 시사된다. 이 구절은 주드가 아라벨라의 "명예"를 위해 재결합한 후에, 인습적 종교의 묵인을 받아온 법적 결혼제도와 형식만이 중요하다고 주장하며 필로슨에게 돌아간 수에게 한 말이다(306). 이 부분은 "이것이 진정한 종교"(302)라는 주드의 아이러니에 가득찬 비꼬는 말에 뒤이은 것으로 구체적인 실상을 도외시하는 추상적인 관념 및 이에 기반한 빅토리아조 성 담론을 비판하는 하디의 태도를 여실히 드러낸다.

하디는『무명의 주드』에서 수의 갑작스러워 보이는 변모 장면을 통해 당대 성 담론으로 회귀해 버리는 듯 하지만 사실은 패러디를 통해 그것을 보다 더 절박게 비판한다. 하디의 당대 성 담론 비판은 그의 다른 소설들에서보다『무명의 주드』에서 한 단계 더 진전된 면을 보인다.『무명의 주드』는 일방적으로 여성의 억압이나 희생만을 부각하는 이전의 소설들과는 큰 차이를 보인다. 가령 여성 때문에 주드가 비극을 맞도록 이야기를 전개시켜나감으로써 여성의 비극이 결국은 상대방 남성에게까지 치명적인 결과를 초래할 수 있음을 극화한다. 주드 스스로 말하듯 "남자도 역시 희생자이다"(226). 여성이 대항해야 할 대상은 남성이 아니라 "상황"(226)이라고 말하는 주드를 통해 하디는 여성이 남성에 의해 희생되는데 그치지 않고 궁극적으로는 남녀 모두의 희생이 초래됨을 보여주고자 한다.『무명의 주드』에서 하디는 모순된 관점을 노정한 것이 아니다. 패러디라는 고도의 서술전략을 구사하면서 일관성 있게 빅토리아 시대 남성 중심적인 성 담론을 비판한 것이다.

인용 문헌

이석구.「『무명의 주드』에 나타난 사회비판론과 성 담론」.『영어영문학』. 46: 3. (2000). 661-78.

Brady, Kristin. "Textual Hysteria: Hardy's Narrator on Women." *The Sense of*

Sex. Ed. Margaret R. Higonnet. Chicago: U of Illinois P, 1993. 87-106.

Foucault, Michel. *The History of Sexuality, Vol 1: An Introduction*. Trans. Robert Hurley. New York: Random House, 1980.

Genette, Gerard. *Narrative Discourse: An Essay in Method*. Trans. Jane E. Lewin. Ithaca: Cornell UP, 1972.

Hardy, Thomas. *Jude the Obscure.* 1895; rpt. New York: Norton, 1999.

Higonnet, Margaret R. Ed. *The Sense of Sex: Feminist Perspectives on Hardy*. Urbana: U of Illinois P, 1993.

C.『무명의 주드』와 여성론 비평

I

일견『무명의 주드』는 하디의 다른 소설들에 비해 예외적인 작품으로 보인다. 이러한 외견상의 예외성은 다음 두 가지 사실에서 찾아볼 수 있다. 하나는 이 작품에 서로 관련이 없는 다양한 문제들이 복합적으로 나타나 있는 듯하다는 것이고, 다른 하나는 여주인공 수가 하디 소설 속의 어느 여주인공들보다도 빅토리아 시대의 관습적인 여성상에 정면으로 도전하는 자유분방한 여권론자로 보인다는 사실이다. 그렇기 때문에 이 소설은 "너무도 다양하고 서로 관련이 없는 별개의 문제들"을 다루고 있다고 비난받는가 하면(Guerard 152-53 참조), 당대의 신여성 문제를 형상화하고 있다는 평가를 받기도 한다(Fernando 129-46 참조).

여성론적 관점에서 이 소설에 접근하는 평자들은 거의 공통적으로 하디의 여성론적 인식 속에 내포된 모순성과 양면성을 지적한다. 하디가 여성인물을 좋아하고 공감을 보내면서도 여성의 내재적 속성상 즉 여성이기 때문에 불가피하게 희생당하지 않을 수 없다는 입장을 보인다는 것이다. 가령 여권운동가인 수가 그 운동을 계속하지 못하고 결국 무너져 내리는 모습으로 그려진 것은, 여권운동이 가차 없는 자연의 법칙과 상충되기 때문에 결국은 실패하리라는 작가의 생각이 반영된 결과다(Blake 725-26). 여기에서 더 나아가 하디가 여성인물 수를 창조하는데 일관성을 잃었다는 지적도 있다. 하디의 애초의 목표는 수를 당대 신여성으로 제시하려는 것이었는데 실제로 수는 신여성으로 그려져 있지 않다는 것이다(Langland 17-21, 25).

이러한 여성론적 비평은 앞서 지적한바 이 소설에 서로 무관한 듯이 보이는 너무도 다양한 문제들이 복잡하게 다루어져 있는 것으로 보인다는 인상과 깊은 관련성을 맺고 있다. 두 견해는 이 작품이 하나의 주제를 일관성 있게 탐색하고 있지 못하다는 입장으로 귀결될 수 있다는 점에서 공통된다. 그렇다면 과연 이 작품은 뚜렷한 주제 없이 단편적인 문제를 산만하게 제기하는데 그치고 있는가, 만일 그렇지 않다면 수가 일관성이 없이 보이는 이유를 그녀의 심리상태나 심리적 문제점에서 찾을 수 있지 않을까 하는 의문이 생길 수 있겠다.

이 글에서는 먼저 수라는 복잡한 성격의 인물을 분석 평가해내는 데 있어서 기존의 여성론 비평이 노정하는 문제점을 살펴본다. 그 다음 수의 인물 형상화가 일관성이 없는 것처럼 보이는 이유는 하디의 여성에 대한 관점이 양면적이고 모순되어서가 아니라 그녀의 심리가 불안정할 정도로 복합적이기 때문임을 고찰해 보겠다. 이를 통해 이 소설을 여성론 비평의 틀 속에서 해석하기가 어렵다는 사실이 밝혀질 것이다.

II

수는 여성이란 남성에게 의존적인 삶을 살아가게 되어 있다는 관습화된 성차별론을 부정한다. 그녀는 남성에게 구속되는 것을 거부하고 독립을 표방한다. 여성인 자신도 자유로운 선택으로 삶을 영위할 수 있다는 것이 그녀의 생각이다. 당대 밀로 대표되는 진보적 자유주의 사상의 영향을 받은 수는 사회적 인습이나 통념에서 벗어나 성해방을 주창하는 것이다.

수는 사회제도가 여성에게 인위적으로 부과하는 역할 규정에서부터 자유로워지기 위해서 법적 결혼제도를 거부한다. 그녀는 필롯슨과의 결혼의 틀에서 뛰쳐나오려고 할 때 밀의 「자유론」을 인용해서 자신의 입장을 정당화한다. 사회적 관습과 역할 규정에 수동적으로 따르기 보다는 자신이 원하는 바를 자유롭게 선택해서 그에 따라 행동하겠다는 것이다. 그녀는 필롯슨이 생각하는 관점에서 주드의 아내가 되고자 그를 떠나가는 것이 아니다. 필롯슨을 떠나는 수의 행동에는 결혼제도를 포함한 사회적 관습에의 반항과 도전이 내포되어 있는 것이다.

여성문제에 대해서도 수는 반 관습적인 입장을 보인다. 그녀는 당대의 성역할 차별론을 거부한다. 이러한 태도는 수가 어린 시절부터 견지해온 바이다. 드루실라 대고모의 회상을 통해 전해지는바 그녀는 어린 시절 남자아이들과 어울려 다녔다. 당대 인습의 관점에서 보면 그녀는 "독특한 아이", 여성답지 못한 "건방지고" 버릇없는 아이였던 것이다(90). 이렇듯 성 역할의 구분을 거부하는 수의 자세는 나이가 들어서도 계속된다. 그녀는 열여덟 살 때 함께 방을 쓰며 지내자는 크라이스트민스터 학부생의 제안을 받아들인다. 그 이유는 그에게서 동료 여성에게서는 구할 수 없는 더 많은 배움의 기회를 기대했기 때문이다. 그가 그녀에게서 원한 것은 성이었음에도 불구하고 수는 성 역할의 구분을 거부한다는 원칙에 따라 끝까지 그를 육체적으로 가까이 하지 않는다. 그와의 관계를 회상하면서 자신이 당대의 일반적 성차별론과는 다른 관점을 지니고 있음을 밝히고 있듯이 수는 성의 차별을 무시하고 남성과 동등하게 누구에게도 얽매이지 않은 삶을 영위하고자 한 것이다. 그녀는 당대의 관습적 여성관에 도전하고 있다.

여성문제에 대한 수의 이러한 진보적 태도 때문에 여러 평자들이 수와 당대 신여성 및 여권론자 사이의 관련성을 주목해왔다. 수와 신여성과의 관계는 1912년에 쓴 이 작품의 후기(postscript)에서 작가가 잠시 언급하고 있는 바이기도 하다. 1896년 티렬(R. Y. Tyrell)은『무명의 주드』를 "최근에 아주 유행하게 된 성과 신여성을 다룬 소설"이라고 평가했다.[1] 그후 수의 지적인 면이 강조되기 시작하고 1968년 하우는 수를 "현대적인 여성"(172), "고도로 개체화된 인물"이자 "최

---

1) R. Y. Tyrell, "Review of *Jude the Obscure*." *Fortnightly Review* 65 (June, 1896), 858, Cox 291-92에서 재인용.

근 역사의 한 순간의 욕망"(138)으로 파악했다.

그 뒤 오랜 세월이 흐른 뒤 페르난도에 이르러 여권운동가의 한 유형으로서의 수의 모습이 다시 관심을 끌게 된다. 그는 수의 태도가 당시의 여권론자들이 지향했던 이상적 해방의 삶이 극단에 달한 것이라고 주장한다(144). 하디 소설에서 신여성의 주제를 밝혀낸 이래 시작되었다고 할 수 있는 여성론 비평은 1980년대에 활발하게 전개되었다. 여성과 사회라는 구체적인 관계를 중심으로 하디의 소설을 해석한 여성론 비평은 하디의 여성인물들이 사회통념을 벗어난 의식을 갖고 인습에 저항하는 양상과 그 결과를 살펴본다. 이들은 여성인물들에게 가해지는 사회적 억압과 제약, 또 거기에 내포된 의미를 밝히는 데 공헌한 바 크다.[2)]

여성론 평자들은 수가 해방된 삶을 추구하는 여성이라는 맥락에서 여권운동과 연관시켜 보고 있다. 이들은 하디가 수라는 인물을 창조함으로써 여권론에 기여한 사실을 일단 인정한다. 그렇지만 대체적으로 이들은 사회적 기존 관념에 대한 '여권론자' 수의 반항과 도전이 패배해 버리고 결국 그녀는 비극을 맞이하게 된다는 내용 속에서 하디의 여성론적 인식의 모순성과 양면성을 찾아낸다. 하디가 당대 사회의 여성에 대한 상투적인 생각을 뛰어넘지 못하고 여성에 대한 전통적인 시각에 도전하면서도 다른 한편으로는 그 보수적 태도를 버리지 못했기 때문에 그의 소설에서 여성인물이 비극을 맞이하게 된다는 것이다 (Rogers 254-58). 그런가하면 하디가 당대의 여권운동에 대해 회의를 품었기 때문이라는 견해도 있다. 가령 블레이크는 여권운동가인 수가 그 운동을 계속하지 못하고 결국 무너진다고 묘사된 것은 여권운동이 가차 없는 자연의 법칙과 상충되기 때문에 결국은 실패하고 말 것이라

2) 루카스는 여성문제를 사회변화 특히 계층문제와, 부멜라는 당대 과도기 사회의 계층 이동이나 성차별 이데올로기와 관련지어 고찰해 보고자 한 대표적 비평가들이다. Lucas 119-20 참조. Boumelha 4-8 참조.

는 작가의 생각이 반영된 결과라고 지적한다. 하디는 인위적 사회제도의 압력이 제거된다 하더라도 여성으로 태어난 이상 타고난 비극은 여전히 계속된다는 여성의 운명에 대한 비관론을 지니고 있었다는 것이다(Blake 709, 725-26).

그런데 하디는 사회, 경제적으로 억압당하고 있는 여성에 관한 문제를 통찰하고 이러한 인식을 작품 속에서 표현해내려 했음에도 불구하고 일관성 있게 여성문제를 추적하고 있지는 않다(Childers 320-24). 여성론 비평가이면서도 수를 신여성의 한 유형으로 파악하기 어렵다는 입장을 밝힌 재코버스의 지적대로 수는 단지 지적으로만 여권론과 연결되었을 뿐 감정적으로는 그렇지 않다. 재코버스에 따르면 수는 복잡한 심리 때문에 이상한 행동을 일삼는다(Jacobus 305, 311).

III

수가 일관성이 없는 인물로 보이는 이유는 그녀의 지적인 면에서의 입장표명과 감정상태간의 이율배반성, 외면상의 태도와 실제 내면사이의 괴리, 그리고 불합리하게 보일 정도로 돌변하는 반응양식 때문이라고 할 수 있다. 이는 그녀의 밖으로 드러나는 행위나 태도뿐만이 아니라 심리상태에의 주의를 요구한다. 여권론자로 보일 정도로 통념화된 성차별론을 부정하며 남성에게 의존하지 않고 독립적인 삶을 살아가겠다는 수의 표면적인 입장 뒤에는 그것과 모순되는 복잡한 심리가 작용하고 있는 것이다.

남성을 대하는 수의 심리상태는 복합적이다. 외면상 그녀는 성의 구별을 거부한 채 남성을 이성으로서가 아닌 동료로 대하려 한다. 남성을 친구로 삼는데 대해 그녀가 내세우는 이유는 남성과 함께 지성을 나누기 위해서라는 것이다. 그렇지만 실상 그녀가 그것 못지않게 원했던 것은 남성으로부터 사랑받고 보호받는 것이었다. 그녀는 자신의 자유의지로 선택해서 그것에 따라 독립적으로 살아간다는 원칙을 표방하고 있지만 실제로는 불안에 떨며 남성에게 의존하고자 한다. 그녀 내부에는 홀로 설 수 없는 약함이 잠재되어 있는 것이다. 따라서 주드에게 있어서 수는 보살펴 주어야만 될 연약한 어린아이이다. 그녀의 본질적인 유약함 때문에 주드는 결코 그녀를 떨쳐버리지 못하는 것이다.

수의 불안감은 성관계에 관한 그녀의 태도에서 비롯된 바 크다. 한편으로 그녀는 성본능을 억누르려 하고 남성의 성적 대상이 되는 것을 거부하지만 다른 한편으로는 성적으로 매력 있는 존재로 보이기를 원하고 사랑받기를 갈구한다. 이러한 이율배반적인 심리상태 때문에 수는 안정감을 갖지 못하고 또 그것은 이상할 만큼 복잡한 양상으로 표출되기도 하는 것이다. 그녀는 변덕스럽고 불합리하게 행동하고 진짜 감정을 숨기기 위해 일부러 건방진 태도를 보이기도 한다. 그녀의 행위는 심술궂게 보일 정도다. 이러한 모습은 성관계를 함축하는 장면에서 더욱 두드러진다. 남성과의 관계에서 성본능을 억누르려는 자세가 이상할 정도로 과장되어 나타나는 것이다. 가령 그녀는 무심코 방에 들어온 필롯슨을 보자 성적 혐오감에 휩싸인 채 그를 피해 유리 창문에서 뛰어 내리기도 하고 찬장에 숨어 있기도 하는 등 과민 반응을 보인다.

수의 심리는 너무 변화무쌍하여 마치 이상심리를 지니고 있는 것처럼 보이는 것이 사실이다. 때문에 그녀는 신경쇠약증(Guerard 108-14), 자학증(Howe 132-46), 자기자신에게만 몰입하는 이기적인 심리(Gregor 225-26), 가학자학적 증세(Sumner 173), 그리고 성격상의 분열(Heilman 319)을 앓고 있는 여성으로 파악되기도 한다. 그러나 작가가 거시(Gosse)에게 보낸 편지에서 밝히고 있듯이 수의 이상함은 본질적으로 성적인 면에 있다(Letters vol. II, 99). 그녀는 자신의 절박한 심리적 문제 때문에 불가피하게 성에 대해 복합적인 태도를 견지하게 된 것이다(Heilman 314-15). 그 심리적인 문제란 그녀가 외면적인 입장과는 달리 실제로는 성을 억제하는 사회적 관습을 내면적으로 인정하고 있고 그것에서부터 결코 자유로울 수 없는 한계성을 지니고 있다는 것이다.

수는 여권론자로서보다는 일관성이 없어 보일 만큼 성에 대해서 복합적인 심리를 지닌 여성이라는 사실이 더 비중 있게 부각되어 있다. 따라서 이 소설을 여성론 비평의 정형화된 틀 속에서 이해하기는 어렵다.

인용 문헌

Blake, Kathleen. "Sue Bridehead, 'The Woman of the Feminist Movement.'" *Studies in English Literature* Vol. XVIII, No. 4 (Autumn, 1978). 703-26.

Boumelha, Penny. *Thomas Hardy and Women: Sexual Ideology and Narrative Form*. Sussex: Harvester P, 1982.

Childers, Mar. "Thomas Hardy, The Man Who 'Liked' Women." *Criticism* Vol. XXIII, No. 4 (Fall, 1981). 317-34.

Cox, R. G. Ed. *Thomas Hardy: The Critical Heritage*. New York: Barns & Noble, 1970.

Fernando, Lloyd. *"New Women" in the Late Victorian Novel.* Penn State, College Park: Pennsylvania UP, 1977.

Gregor, Ian. *The Great Web: The Form of Hardy's Major Fiction.* London: Faber and Faber, 1974.

Guerard, Alfred J. *Thomas Hardy: The Novels and Stories.* Cambridge: Harvard UP, 1949.

Heilman, Robert B. "Hardy's Sue Bridehead." *Nineteenth-Century Fiction* 20 (March, 1966). 307-23.

Hardy, Thomas. *Jude the Obscure*. 1895; rpt. New York: Norton, 1999.

Hardy, Thomas. "Letter to Edmund Gosse, November 20, 1895." *The Collected Letters of Thomas Hardy*. Vol. Ⅱ. Ed. Richard L. Purdy & Michael Millgate. Oxford: Clarendon, 1980.

Howe, Irving. *Thomas Hardy*. New York: Macmillan, 1967.

Jacobus, Mary. "Sue the Obscure." *Essays in Criticism* Vol. 25, No. 3

(July, 1975). 304-28.

Langland, Elizabeth. "A Perspective of One's Own: Thomas Hardy and the Elusive Sue Bridehead." *Studies in the Novel* Vol. XII, No. 1 (Spring, 1980). 12-28.

Lucas, John. *The Literature of Change: Studies in the 19th-Century Provincial Novel*. Sussex: Harvester P, 1980.

Rogers, Katharine. "Women in Thomas Hardy." *Centennial Review* 19 (1975). 249-58.

Sumner, Rosemary. *Thomas Hardy: Psychological Novelist*. London: Macmillan, 1981.

D. 수(Sue)의 인물 형상화와 서술기법

I

『무명의 주드』에 등장하는 여주인공인 수는 일견 모호하게 보일 정도로 모순되고 다층적인 결을 지닌 복잡한 인물이다. 이러한 수의 성격을 형상화하기 위해 하디는 겉보기에 균형 잡히지 않은 특이한 서술방법을 구사한다. 주드의 경우 서술자의 전지적 시점이 그의 내면을 거침없이 넘나든다. 반면 수의 경우에는 그녀의 주장이나 입장이 대화나 편지를 통해 표명되기는 하지만 주드와는 달리 감정이나 심적 갈등이 서술자에 의해 묘사되는 경우는 극히 드물다. 수는 필롯슨, 에들린 부인, 아라벨라 등의 인물들에 의해 해석되기도 하지만 주로 주드의 관점에서 그려진다.

주드에 의해 수가 묘사되고 서술되는 바는 다음과 같다. 수는 "신경과민의", "이상하고"(119), "비합리적이고 변덕스러우며"(127), "왜곡된"(107, 139), "수수께끼"(107, 109, 182, 109) 같은 존재여서 "당혹스럽다"(126, 127, 133). 주드가 보기에 그녀의 행위는 충동적이고 남성에 대한 그녀의 혼란스럽고 복잡한 감정은 "바람둥이"(161)의 그것이다.

그렇지만 소설을 자세히 읽어본 독자에게 다가오는 수의 모습은 이와 다르다. 독자는 처음 주드가 묘사한대로 수를 이해하다가 차차 그것이 수의 실상과는 거리가 있음을 깨닫게 된다. 수의 행동은 단순히 종잡을 수 없는 수수께끼로 치부할 수 없는 복잡한 내면적 갈등의 결과이고 그녀는 건강한 성본능을 갖고 있지만 이를 억누르고 있을 뿐이다. 하디 또한 친구 거시에게 보낸 편지에서 "수의 성본능은 건강하다. 단지 약하고 까다롭다. 비정상적으로 보이는 것은 균형이 맞지 않기 때문이지 왜곡되어서가 아니다"라고 밝힌 바 있다(*Letters* Vol II, 99).

서술자는 수의 행동 동기를 독자에게 직접 설명해주기 보다는 주드의 관점에 자신의 목소리를 중첩시키는 가운데 자신도 주드처럼 이해할 수 없다는 태도를 보이기도 한다. 이 경우 서술자와 주드의 목소리는 뒤섞이며 서로 반향한다. 주드는 수를 "육체적인 면이 거의 없는 유령 같은 존재"(204), "정령이며 육체가 없는 존재… 간장을 태우는 유령"(194), "여자가 아니라 요정이거나 정령의 일종"(277)으로 파악하고, 작가/서술자는 수를 기질이나 본능 상 필롯슨 뿐 아니라 "어떤 남자의 아내가 되기에도 부적합한 환상적인"(149), "반쯤은 환영적인"(73), "모호한"(189) 존재로 서술한다. 또한 주드와 서술자의 목소리가 뒤섞이는 부분에서 수의 성격은 "일관성 없음"(140)이나 "종잡을 수 없는 이상한 이중적 성격"(165)으로 평가된다.

그렇지만 다른 한편 서술자는 주드에게서 거리를 유지하며 그가 수를 제대로 파악하고 있지 못함을 암시한다. 이와 같이 상충하는 목소리 즉 주드의 생각을 반향하는 목소리와 주드와 입장을 달리하는 목소리가 병존하기 때문에 서술자는 일관성이 없어 보이고 서술은 모순되어 보인다.

때문에 하디 소설 속의 여러 목소리들을 하디의 내적 분열의 표현으로 해석하는 평자들이 많았다. 이는 갈등하는 요소들이 공존하는 하디의 소설에서 절대적 가치나 의미를 믿지 않은 상대주의자 하디를 읽어내고 그의 소설을 포스트모던 텍스트로 보는 해체주의 비평으로 이어졌다. 위도우슨이 대표적인 해체주의 비평가이다. 그렇지만 사실 이 소설에서는 관습적인 성 관념에 따라 수를 주드의 남성적 시각에서 보여주는 서술과, 수의 실상을 제대로 드러내는 서술이 병치되고 있고 서술자는 독자로 하여금 후자에 공감하도록 유도하고 있다. 하디는 일견 상충되어 보이는 두 가지 관점을 취하지만 그것을 전적으로 독자의 주관적 해석에 맡기지 않고 작가가 의도한 방향으로 일관되게 끌고 간다.

II

주드와 수라는 인물이 형상화되는 방식은 확연히 다르다. 서술자는 주드의 내면을 자유로이 넘나들면서 그의 생각과 심리를 전달해주는 반면, 수의 경우에는 관찰자적 시점으로 그녀의 행동을 묘사하거나 주드의 관점을 통해서 그녀의 행동 동기나 심리상태를 추측하게 한다. 주드의 감정이 여과 없이 드러나는 반면에 수의 감정 전달은 제한되는 예로는 수와 필롯슨의 결혼식 때 수의 모습이나 태도를 보며 주드가 그 심리적 배경을 추측해본 것이 주드의 관점에서 전달되는 다음의 장면을 들 수 있다.

> ① 어떻게 수는 자신에게 그런 일을 부탁할 만큼 무모했던 것인가? 혹시 그녀 자신과 그에게 잔인함을 보여주려 했던 것인가? 이런 점에서 여자는 남자와 달랐다. 여자는 알려진 만큼 남자보다 더 민감한 대신, 오히려 더 감정이 무디고, 덜 낭만적인가? 아니면 더 용감한 것인가? 또 아니면 지나치게 괴팍스러워 그녀 자신과 그에게 고의적으로 아픔을 가하며 내면으로 긴 고통을 경험하는 이상하고 슬픈 사치를 즐기고 그리고 고통을 당하는 그에게 애정 어린 연민을 보내면서 그 감정에 감동하는 것인가? ② 그는 그녀의 얼굴이 긴장되어 있는 것을 볼 수 있었다. 주드가 필롯슨에게 수를 인계하는 힘든 시련의 순간에는 수가 자신을 거의 가누지 못하고 있는 것도 보았다. ③ 자신에 대한 생각보다는 오히려 그 자리에 끌어들여서는 안 될 사촌이 어떻게 느끼고 있을지를 생각하고 아파하면서 그녀는 엄청난 모순 속에서 이런 고통을 반복해서 가할 것이고 또 반복해서 그 고통 받는 사람 때문에 슬퍼할 것이다. (139-40)

교회에서 신부 수를 신랑 필롯슨에게 인도하면서 주드는 이 일을 부탁한 수의 심리를 나름대로 헤아려보는데 주드의 생각의 흐름은 자유간접화법으로 전달된다(①). 이때 주드의 고통은 일련의 당혹스러운 물음 속에 담겨져 생생하게 전달된다. 그 다음 서술자가 개입하여 주드가 수를 인도할 때 그녀는 몸을 가눌 수도 없었음을 주드의 관점에서 서술한다(②). 이후에는 주드의 자유간접화법에 서술자의 목소리가 뒤섞이면서 수의 심리가 추정된다(③). 주드의 자유간접화법(①)에서는 수의 "괴팍스러운" 면과 긴 고통을 자초해서 겪는 "이상하고 슬픈" 감정의 "사치"가 언급되고, 서술자의 목소리가 주드의 자유간접화법에 뒤섞인 부분(③)에서는 다른 사람에게 고통을 가하고 그 고통 받는 사람 때문에 슬퍼하는 수의 "엄청난 모순"이 강조된다. 앞 부분(①)에서는 고통당하는 주드에게, 뒷 부분(③)에서는 스스로 고통을 받는 수에 더 초점이 주어져 있다. 결혼식이 끝난 후 주드의 숙소에서 식사를 하고 떠나가는 수의 눈에 놀라는 기색이 있었음이 간단하게 서술된 뒤 수의 감정에 대한 주드의 추측은 자유간접화법을 통해 다음과 같이 전달된다. 수가 그로부터의 독립을 보여주기 위해 혹은 아라벨라와의 결혼 사실을 이전에 말하지 않은 것에 대해 그에게 복수하고자 결혼이 무엇을 의미하는지도 모른 채 어리석게도 모험적인 시도를 했으리라는 것이다. 내면 생각이 그대로 드러나는 주드의 경우와 대조되게도 수의 속마음은 주드의 추측을 통해 간접적으로 전달된다. 수의 내면적 갈등은 서술되기보다 시각화되는 것이다(Boumelha 148).

서술자는 주드의 내면을 자유로이 넘나들면서 주드의 목소리에 자신의 목소리를 중첩시키기 때문에 그들 사이에는 서술적 공감이 형성된다. 서술자와 주드는 약함을 여성의 본질로 파악하는 가운데 서로를 반향한다. 두 사람의 견해가 일치하여 둘 사이의 경계가 불분명해지기도 한다. 가령 서술자가 멜체스터 교원양성학교 여학생들을 묘사할 때 사용한 용어인 "약자"(112)와, 주드가 아라벨라와의 재결합을 이야기하면서 여성을 "우리들 중에서 약한 존재"(301)로 규정한 부분이 유사하다. 주드는 이 장면에서 약한 여성을 희생하여 스스로를 구하지는 않겠다면서 남성으로서의 우월감을 내비친다.

다른 한편 서술자와 주드의 관점 사이에는 차이가 있다. 서술자는 교원양성학교 학생들을 묘사하는 부분에서 여성은 “냉혹한 자연법칙”에 따라 아무리 노력해도 결코 강해질 수 없고 여성으로서의 “몸이 형성되면서 주어진 성의 형벌”을 타고난 존재라고 서술한다(112). 또한 여학생들은 학교를 떠나 금욕적인 생활에서 해방되는 순간 곧 “불의, 외로움, 임신, 상실”(112)과 같은 고통에 시달릴 것이기 때문에 교원양성학교에서의 학창 시절을 아름다운 시절로 기억할 것이라고 덧붙인다. 여성은 불가피하게 생물학적 자연의 지배를 받게 된다는 의미를 함축하는 이 대목에서는 여성인 수가 생물학적 “임신”과 육아의 문제에 당면하고 결국 아이들의 죽음이라는 “상실”을 겪게 될 것임이 시사된다. 반면 주드가 “자연의 법”을 언급하는 경우는 본능과 연관 짓는 대목이외에는 거의 없다. 1부 1장에서 “자연의 논리”가 무섭다는 표현이 있지만 이는 서술자가 주드의 목소리로 위장하여 자신의 생각을 피력하는 경우이다.

서술자는 주드로부터 거리를 유지하면서 수를 바라보는 주드의 관점 속에 그의 문제점을 함축하기도 한다. 그 예로는 수에게서 “신성”(116)을 보고 이상화하는 주드에 대한 서술자의 반응을 들 수 있다. 3부 3장에서 교원양성학교의 부당한 징벌에 항의해서 그곳을 뛰쳐나와 자기를 찾아온 수에게서 주드는 신성을 느낀다. 그는 자신의 옷을 빌려 입은 수에게서 스스로의 모습을 찾아내며 그녀를 미화하고 이상화한다. 그런데 주드는 수를 이상화하는 가운데서도 성적으로 열망한다. 따라서 주드가 수를 이상화하는 것을 액면 그대로 받아들일 수 없게 된다. 그는 이미 기혼자인데다 필롯슨과 가까워진 수를 이성으로 대하는 것이 괴롭기 때문에 그녀를 신성을 지닌 이상적인 존재로 생각해버리는 것이다.

3부 9장에서 수의 결혼 후 쓸쓸함에 젖어 있던 주드는 우연히 아라벨라를 만나 하룻밤을 보내게 되는데 이후 그는 수를 더욱 이상화하게 된다. 그녀는 그에게 있어 "훌륭한 천사", "천상의 존재"라는 관념이 된다(149). 아라벨라를 향한 육체적 충동에 굴복해버린 후 수와 맺어질 가능성이 더욱 희박해지자 주드는 수를 애초부터 범접할 수 없는 존재인양 생각해버림으로써 마음의 위안을 찾는 것이다. 이렇게 주드는 구체적인 현실을 직시하고 이에 대처하는 대신 관념적인 태도로 그것을 회피해버린다.

아이들의 죽음이라는 비극을 겪은 후 수가 본능에 따른 자신들이 신의 벌을 받은 것이라며 가학하자 주드는 "자연이 있는 그대로 두도록 의도한"(269) 순수한 존재인 수를 건드린 자신이 유혹자였다고 자책한다. 이어지는 대화에서 주드는 수를 "가장 비현세적이고 가장 관능적이지 않은 여자"(271)로 평가한다. 이는 성본능을 만족시킴으로써 출산과 양육이라는 생물학적 자연의 법칙에 얽매이게 되고 결국 그것 때문에 최악의 상황을 맞게 되었다는 수의 인식을 간파하지 못했을 뿐 아니라 현실에도 무지한 반응이다.

주드는 수가 겪고 있는 고통의 구체적인 성격을 이해하지 못한 채 그녀에게서 일반적인 여성의 모습을 본다. 수의 문제를 그녀가 속한 상황보다는 여성이라는 존재의 속성 때문에 빚어진 일반적이고 보편적인 비극으로 해석하는 것이다. 가령 수가 주드와의 사랑이 "잘못된" 것이었고 더 이상 그의 아내가 아니며 필롯슨의 아내라고 말하는 등 예전과 다른 모습을 보이자 주드는 "이는 당신에게 특수한 점이요 아니면 여성에게 공통된 것이요? 도대체 여성은 생각하는 단위가 될 수 있을까, 아니면 정수에 이르지 못하는 분수에 지나지 않은 것일까?"(276)라며 한탄한다. 주드가 보기에 수는 여성의 운명을 타고 났기 때문에 필연적으로 안목이 좁아진다.

주드가 수를 잘못 이해하고 있다는 사실은 그가 수의 내면 심리를 짐작하는 장면 속에도 함축된다. 대표적인 예는 교원양성학교로부터 주드와 결혼해야 명예를 회복할 거라는 말을 들은 수가 주드의 청혼을 내심 기대하고 있는데 그가 이를 눈치 채지 못해 진정한 의사소통이 이루어지지 못하는 일련의 장면이다. 교원양성학교의 부당한 징벌에 반항해서 그곳을 몰래 뛰쳐나온 후 주드를 찾아와 하룻밤을 보낸 수는 이튿날 떠나면서 주드에게 자신을 사랑해서는 안 된다고 말하지만 이내 자신을 사랑해도 된다는 편지를 보낸다(124). 이처럼 모순되어 보이는 수의 행동의 배경에는 외면적인 태도와는 달리 실제로는 주드와 이성으로서 가까워지고 싶은 그녀의 복잡한 감정이 깔려 있다. 편지를 받고 그녀를 찾아간 주드에게 수는 대학 당국이 주드와 결혼해야 사건이 해결된다고 말했음을 전한다. 그러면서 수는 주드가 자신을 사랑하며 결혼하고 싶어 한다는 사실을 이제까지는 전혀 생각하지도 못했었으며 모든 것이 자기 잘못이라고 자책한다. 이 말은 "약간 억지였고 사실적이지 않은"(126) 것이라고 서술되듯이, 수는 주드가 청혼해주기를 은근히 바라는 마음에서 그런 말을 꺼낸 것이었다. 그렇지만 주드는 수의 심정을 헤아리지 못한 채 갑자기 필롯슨을 언급하면서 그가 만나러 왔었느냐고 묻는다. 이에 수는 안색이 변하면서 쌀쌀맞게 "그가 오든지 말든지 상관치 않을 것이다"(126)고 대답한다. 주드는 수가 이 상황에서 태도를 바꾸는 이유를 전혀 이해하지 못하기 때문에 그녀의 행동은 그에게 "당혹스러울"(126) 따름이다.

수는 토라진 모습을 보인 것에 용서를 구하는 편지를 보내 만나자고 하는데 막상 만났을 때 수의 모습은 주드가 보기에 종잡기 힘들다. 그렇지만 사실 수는 주드가 기대에 어긋나게도 청혼을 해오지 않아서 화가 났던 것이다. 그 상태에서 주드가 예기치 않게 아라벨라와의 과거를 고백하자 수는 전에 그 얘기를 하지 않은 것은 잔인한 행위라고 주드를 원망하며, 몸을 떨고 발을 구르는 등 격한 반응을 보인다. 분을 삭이지 못한 그녀는 더 나아가 자신을 사랑해도 좋다는 내용의 편지를 쓴 것은 주드가 "측은해서"(133)였다고 덧붙인다. 이후 감정을 억누르려고 애쓰며 주드의 접근에 과민반응을 보이는 수의 심리 상태를 주드는 헤아리지 못한다. 주드가 보기에 수는 속 좁은 여성적인 면을 충동적 행동으로 나타낸 적이 전에도 있기는 했지만 보통은 관대한 편이었는데 그런 평소대로의 모습을 보이지 않아서 "혼란스럽다"(133). 그렇지만 사실 주드와의 결혼을 염두에 두고 있던 수는 주드가 유부남이라는 사실이 밝혀짐으로써 그 기대가 완전히 무산되자 심한 감정적 동요를 일으킨 것이다. 이러한 정황을 주드는 전혀 짐작하지 못한다. 서술자는 주드의 아내가 되기를 바란 적은 없었다고 수가 말할 때 "그녀 내면의 참뜻을 밖으로 드러내지 않는 부드러우면서도 진지한 태도"(134)라고 서술하거나, 수와 헤어질 때도 "그는 지금까지도 그녀의 마음을 알지 못한다고 느꼈다"(134)고 평함으로써 주드가 수의 본심을 알아차리지 못하고 있다는 사실을 명시적으로 알려준다. 또한 3부 5장에서 주드가 자신을 사랑해도 좋다는 수의 편지를 받은 장면에서 서술자는 주드에게서 거리를 둔 채 객관적인 입장에서 "그는 수의 충동적인 편지에 실제로 의도된 것보다 더 많은 의미를 부연하려는 위험에 빠져 있었다"(124)고 직접적이고 분명하게 평한다.

주드가 수의 속마음을 제대로 읽어내지 못하고 있음이 드러나는 또 하나의 예는 5부 1장에서 수가 법적 결혼을 거부할 때의 장면이다. 법적 결혼이라는 "쇳덩어리 같은 계약"(203)에 의해 한 집에서 살며 주드의 사랑을 받아도 된다는 허가가 주어지는 순간부터 두 사람간의 애정이 식게 될까 두렵다며 낮에만 만나면서 연인으로 지내자는 수의 말을 들은 주드는 그녀를 "동물적인 욕망"(204)이 없는 존재로 평가한다. 그런데 사실 수는 무성의 존재라기보다는, 법적 결혼이 수반하는 성 관계가 임신을 초래하고 결국 출산과 육아라는 생물학적 자연 법칙에 얽매이게 만들 것이라는 불안감이 있기 때문에 이를 피하고 있다. 주드는 수가 자연스러운 본능을 억누를 뿐이지 그녀에게 성적인 욕구 자체가 없는 것은 아니라는 사실을 깨닫지 못하고 있다.

수 스스로 자신에 대한 주드의 이해 부족을 불평하기도 한다. 가령 수의 편지를 받고 새스톤으로 간 주드는 그녀가 엉뚱한 화제의 이야기만 늘어놓을 뿐 감정을 드러내지 않자 그녀에게 남자를 가지고 노는 바람기가 있다고 푸념한다. 그러자 수는 주드가 오해하고 있고 자신이 "마음속의 충동에 얼마나 끌려 다니는지"를 말하면 충격을 받을 거라면서 그가 "너무 직선적이어서" 자신을 잘 이해해주지 못한다고 책망한다(162). 이와 함께 서술자는 주드가 수의 속마음을 잘 헤아리지 못한다는 사실을 직접 나서서 확인해주기도 한다. 예컨대 아라벨라와 하룻밤을 보낸 것에 질투하는 수에게 주드는 그녀에게 접근하지 못하게 하면서 심술궂게 다른 사람을 가까이 못하게 하는 이유가 뭐냐고 투덜대는데 이에 수는 "왜 내 감정을 이해 못해줘요! 왜요!"(193)라며 격정적으로 반응한다. 바로 이어 "그(주드)가 그녀의 감정을 잘 이해하지 못했던 것은 사실이었다"(193)는 작가/서술자의 평이 주드의 생각과 뒤섞인 채 덧붙여지면서 재차 강조된다.

III

주드의 경우와는 달리 수의 내면은 좀처럼 드러나지 않지만, 그럼에도 불구하고 그녀의 내면 생각이 간혹 전달되어 그녀의 실상을 드러내기도 한다. 수의 내면 생각은 4부 6장부터 나타나는데 이중 대표적인 예로는 찾아온 아라벨라를 만나러 주드가 밖으로 나가자 불안감에 휩싸인 수의 초조하고 다급한 심정이 전달되는 5부 2장의 다음 대목을 들 수 있다.

> ① 그녀는 귀를 기울였다. ② 그녀는 아라벨라가 묵고 있다고 말한 여관까지 거리가 정확히 얼마인지를 알았다. ③ 보통 걸음으로 간다면 약 칠 분이 걸리는 곳이었다. 다시 돌아오는데 또 칠분, 십사 분 안에 안 돌아오면 어디선가 마무르는 것을 뜻했다. ④ 그녀는 시계를 쳐다보았다.

> ⑤ 11시 이십오 분 전이었다. 그는 지금 아라벨라와 여관으로 들어가겠지. 문 닫기 전에 도착할 테니까. 그 여자는 함께 술을 마시도록 그를 유혹하겠지. 그 다음에 무슨 재난이 따라올지는 아무도 모를 일이야. (208)

①과 ④는 서술자가 관찰자적 관점에서 수의 행동을 묘사하고, ②는 전지적 시점에서 서술한 것이다. ③은 수의 생각이 뒤섞인 서술자의 서술이다. ⑤에서는 시계를 보며 매순간 주드가 아라벨라와 무엇을 하고 있을지 조바심을 내며 추측해보는 수의 생각의 흐름이 자유간접화법을 통해 생생하게 포착된다.

또한 서술자는 전지적 시점에서 수의 내면 생각을 자유간접화법을 섞어가면서 평하기도 한다. 다음은 드루실라 대고모의 장례식에 참석차 온 수가 불행한 결혼 생활을 주드에게 엉겁결에 고백해버리고 이튿날 떠나면서 사랑하는 마음을 억누르지 못해 그와 열정적으로 키스한 후 필롯슨에게 돌아갈 때의 장면이다. 이 장면은 위에서 언급한 장면과 함께 수가 성 본능을 결한 정신적인 존재라는 주드의 생각과는 달리, 성적으로 질투하고 주드와 열정적으로 키스할 만큼 보통의 여성과 다를 바 없이 건강한 성을 지니고 있음을 여실히 보여준다.

> ① 한편 수는 ... 기차역으로 갔다. 길에서 되돌아가 그가 자신에게 키스를 하게 내버려둔 것이 마음에 걸려 눈에는 눈물이 고였다. ②주드는 자신이 연인이 아닌 것처럼 굴지 말았어야 하며, 그녀로 하여금 인습에서 벗어난 행동을 하는 충동에 빠지지 않도록 했어야 했다. 설사 그것이 나쁜 것이 아닐지라도 말이다. ③수는 그 키스를 나쁘다고 믿었다. 수의 논리는 이상하게 복잡해서, 어떤 일이 행해지기 전에는 옳을 수도 있으나 일단 일어나고 나면 나쁜 것이라고 믿는 경향이 있었다. 달리 말하면 이론에서는 옳은 것이 실천에서는 잘못이라는 것이었다. (172-73)

작가/서술자는 수가 주드에게 키스하도록 허용한 것을 불편해하며 역 쪽으로 걸어갔다고 전지적 시점에서 서술(①)한 다음, 주드를 책망하는 수의 마음을 자유간접화법으로 전달한다(②). 그 다음 수가 주드와의 키스를 관습에는 어긋나지만 잘못된 것은 아니라고 생각하다가 이내 잘못된 행위로 고쳐 생각하게 되었음을 지적하며 그 배경을 전지적 시점에서 분석하고 논평한다(③).

이와 함께 수의 실상은 그녀 자신의 말, 그녀의 행동 속에 함축된 사실, 그리고 필롯슨의 평가를 통해 드러난다. 주드는 수를 불가해한 인물로 보지만 사실 그녀는 자신의 생각을 명백히 또는 암시적으로 빈번하게 드러낸다. 주드와의 관계에서 처음 그녀는 자기 가슴은 아프지 않고 자신을 향한 주드의 가슴만 아프게 하려는 이기적이고 잔인한 욕망을 가졌었다고 고백한다(278). 또한 수는 자신을 "돌연변이의 열정과 말할 수 없는 반감을 가슴에 품고 혼자서 이리저리 밀려다니는 가엾은 여자"(163)라거나, "너무 격식을 차렸다"(167)고 평가하기도 한다.

수는 필롯슨과 약혼한 후 결혼을 하기까지의 정황 및 심적 배경도 솔직하게 정리해준다. 약혼 후 후회가 되어 그 약속을 명예롭게 깨려 했지만 그럴 수 없음을 알고 인습에 대해 무모해지고 부주의해졌고 그러다가 교원양성학교에서 쫓겨나게 되자 약혼을 살리는 것만이 그녀가 할 수 있는 일이라는 생각을 하게 되었다는 것이다(175). 그녀는 또한 "나는 겁쟁이였다. 많은 여자들이 그러하듯이. 내 이론적 관습 초월이 무너지고 말았다"(175-76)면서 자신의 반관습적인 태도가 확고하지 못했음을 인정한다.

수 자신의 말 속에서 드러나듯이 그녀에게는 일반화하고 추상화하는 경향이 있다. 가령 바람둥이라는 주드의 책망에 "사랑받고자 하는 여자의 마음은 때로는 채울 수 없어요"(162)라고 답하거나, 필롯슨과 결혼한 이유를 밝히면서도 "때때로 여자에게서는 사랑받고 싶은 욕구가 양심을 억누르게 돼요"(191)라고 고백하는 데서 알 수 있듯이 수는 자신의 얘기를 하면서도 이를 보편적인 '여성'의 속성으로 설명한다.

또한 수는 그녀의 본질적인 문제가 거론될 상황에 처하게 되면 그것을 애매하게 일반화하는 가운데 정당화하기도 한다. 가령 밤중에 옷장에 들어가 있는 수에게 필롯슨이 그 이유를 묻자 그녀는 다소 엉뚱하게 비난받을 사람은 자신이 아니고, "우주 전체, 일반적으로 사물 전체, 만사가 너무 무시무시하고 잔인하기 때문이다"(175)라고 대답한다. 자신 내부의 근본적인 문제에 맞닥뜨리는 것을 피하고 책임을 전가해 버리는 것이다.

또한 수에게는 "자연의 법"의 지배를 받는 현실을 애써 외면하려 하는 이상주의적 성향과 자신만의 세계에 안주할 수 있는 유아기로 퇴행하고 싶은 심리가 있다. 3부 2장 양치기의 집에서 "중력과 발아의 법칙 이외의 모든 법칙의 바깥"(111)에 놓인 듯한 그곳을 좋아한다고 말하거나, 5부 5장 농업박람회장에서 현실을 살아가면서 피할 수 없는 "질병과 슬픔"에 "눈을 감고" 즉 도외시하고 25세기에 걸친 기독교의 가르침을 "망각"하며 과거 "그리스 시대의 즐거움"으로 "돌아갔"음을 느낀다고 밝히는 것이 그 예이다(234).

아이들의 죽음 후 수가 정반대로 바뀌었다고 생각하는 대목 또한 주드가 수를 제대로 이해 못했음을 보여주는 또 하나의 예이다. 수는 주드가 생각한대로 돌변한 것이 아니라 예전부터 이러한 성향을 보여왔으며 그 변화가 점진적으로 진행된 것이다. 주드와 실질적인 부부관계를 맺게 된 수는 거기에서 비롯되는 출산과 육아 문제에 부딪히게 되면서 생물학적 자연 법칙의 지배를 받게 되고 사회 관습상의 여러 형식에 얽매이게 된다. 사회 관습이나 냉정한 자연 법칙의 지배를 받는 현실을 불가피하게 맞닥뜨리지 않을 수 없게 되었을 때 수는 힘없이 무너진다. 이후 수는 "자연의 법"에 대해 언급하기 시작한다. 법적으로 결혼한 부부 관계가 아니라는 사실이 밝혀져 실직한 후 다른 곳으로 일자리를 찾아 떠나고자 경매를 할 때 수는 도살꾼에게 팔린 새를 풀어준 후 "자연의 법은 상호학살"(243)이라고 말한다. 그 후 2년

반이 지난 시간 동안 주드는 이곳저곳 일자리를 찾아 일을 하다가 병석에 눕게 되고 그가 만든 과자 빵을 시장 좌판에서 팔던 수는, 우연히 만나게 된 아라벨라가 셋째 아이의 임신 사실을 알아채자 울먹이며 사람을 세상에 태어나게 하는 것은 매우 비극적인 일이라고 말한다. 이 장면은 관찰자적 관점으로 서술되어 수의 내면을 직접적으로 드러내지는 않지만, 수가 "자연의 법" 앞에서 언제라도 허물어질 듯이 약해져 있는 상황에 처해 있음을 시사한다. 이러한 함의를 읽어낼 때 크라이스트민스터의 군중 속에서 필롯슨을 본 수가 그를 두려워하면서 "믿지 않은 인습적 위압감이나 공포"(258)가 "오싹하는 마비감"(258)으로 엄습해온다고 말할 때 이를 그녀 내면에서 일어난 점진적인 변화의 자연스러운 귀결로 받아들일 수 있게 된다. 취약한 심리 상태에서 수는 어렵사리 얻은 방의 주인에게 주드와 실제로 결혼한 사이가 아님을 밝혀 버린다. 주드와 법적 부부관계에 있지 않고 이는 인습에 위배된다는 사실이 그녀에게 큰 중압감으로 작용하고 있었는데 이를 무시해버릴 힘이 이제 그녀에게는 남아 있지 않았기 때문이다. 이는 불과 얼마 전 결혼 사실을 묻는 아라벨라의 질문에 수가 "물론(245)"이라고 대답했던 것에 비해 크게 달라진 모습이다.

"자연의 법" 앞에서 허약해져 있는 상태에서 수의 문제점 즉 일반화하고 추상화하는 경향이 더 증폭되어 드러나게 된다. 법적 부부가 아니라는 이유로 힘들게 구한 여관방에서도 쫓겨나게 될 비참한 상황에서 "저는 태어나지 말았어야 했어요, 그렇죠?"(260)라고 묻는 파더 타임이, 사람들은 왜 아이를 낳느냐고 묻자 수는 그것도 "자연의 법"이기 때문이라고 답한다. 또한 수는 비관적인 생각이 어린 아이에게 미칠 영향을 고려하지 않은 채 "모든 것이 걱정이고 역경이며 고통이다"(261)라는 추상적인 얘기를 무심코 한다. 그녀 자신이 인정하듯이 자기 나름으로는 정직하고 솔직하게 말한 것이지만 사실은 진실된 것이 아니었으며 "섬세한 양 하면서 너무 모호하게 얘기한 것이었다"(266). 결국 수의 이 말은 파더 타임을 자극하고 궁극적으로 아이들의 죽음을 초래한다.

수는 법적 남편을 떠나 본능과 감정에 따라 주드와 함께 한 자신을 신이 벌한 결과 아이들이 죽게 되었다고 해석한다. 본능 안에서 즐기는 것이 자연의 존재이유라고 생각하면서 자연을 "말 그대로" 받아들였던 자신이 바보였다는 것이다(266). 수는 이제 육체를 억누르고 자기를 포기하며 순응해야 한다고 말한다. 그후 수는 "세상을 만족시키기 위해서", 또한 "형식을 위해서" 주드를 떠나 필롯슨과 다시 결혼하려고 마음먹는다(283). 수는 기독교적 율법을 경직되게 말 그대로 받아들인 것인데 이러한 수의 행위야말로 바보스러운 것이다. 따라서 자연을 말 그대로 받아들인 자신을 바보라고 한 수의 말은 아이러니해진다.

수가 법적 남편인 필롯슨에게 돌아간 행위는 수를 잘 이해하지 못하는 주드와는 달리 아이들의 죽음 이후의 수의 변화와 그 심리적 배경을 제대로 파악하고 있는 필롯슨에 의해 해석된다. 그럼으로써 그녀의 행위가 나름대로 내적 논리에 따른 필연성을 갖고 있음이 밝혀진다. 필롯슨의 설명에 따르면 수는 "크라이스트민스터의 정감과 교육"에 영향을 받아 "결혼의 불용해성"을 믿고 있다(281). 이러한 정황을 간파하고 있기에 필롯슨은 수에게 다음 내용을 담은 편지를 보낸다. 그녀를 떠나보낼 당시에 그는 "정의와 자비와 이성이라고 생각했던 원칙"에 따랐는데 그 결과로 그들의 결혼이 "비참한 실패작"이 되어서는 안 된다는 것이다(282). 수가 양심에 어긋나는 행동을 하지 않으려 하는 정직한 원칙주의자임을 잘 아는 필롯슨은, 암암리에 자신 또한 원칙에 따라 행동한 것임을 강조하고 그 결과가 비참해져서는 안 된다며 수를 압박하여 그에게 돌아오도록 유도하는 것이다.

수와 필롯슨의 재결혼을 "그녀가 원칙이라고 부르는 제단 위의 자기희생"(290)이라고 서술하는 대목에서 알 수 있듯이 전지적 시점을 취하는 서술자의 설명이나 서술 속에 수를 이해할 단서가 들어가기도 한다. 수는 경직되고 추상적인 원칙에 따라 자기학대적으로 본능을 억압하는 희생을 한다는 것이다.

아이들의 죽음으로 인해 고통을 당한 수는 세상이 무관심하다기보다는 자신에게 적대적이라고 생각하면서 그것을 "인간의 형상을 하고 있는" "가해자"로 간주하며 그로부터 도망치고자 한다(269). 이 부분에서는 수의 생각이 전지적 시점으로 정리되어 있다. 아이들의 죽음을 분노한 신이 그들에게 복수하기 위해 벌을 내린 결과로 해석한 수는 신에 순응하고 복종해야 한다면서 기독교적 율법을 곧이곧대로 받아들여 법적 남편인 필롯슨에게 돌아간다. 주드가 지적하듯이 수는 "문자에 따라"(306) 행동했다. 인습적인 종교의 묵인을 받아온 법적 결혼제도와 형식에 굴복한 수는 주드가 지적한 것처럼 "형식의 노예"(315)가 된 것이다.

IV

하디는 전지적 시점에서 주드의 내면을 드러내면서도 수의 감정이나 심적 갈등은 주드의 추측을 통해 전달한다. 동시에 주드에게서 거리를 유지하며 그가 수를 제대로 이해하지 못하고 있음을 암시한다. 다른 한편 수의 실제 모습을 그녀의 대사나 행동, 그리고 플롯 속에 함축시킴으로써 독자로 하여금 아이들의 죽음 이후에 수가 보이는 변화가 주드가 이해하는 바대로 돌변이 아니라, 그 이전부터 내적 논리에 따라 점진적으로 진행된 필연적인 결과라는 사실을 이해하도록 유도한다. 그 결과 처음 독자는 수의 실상을 왜곡하는 주드의 관점을 곧이곧대로 수동적으로 받아들이다가 수의 실상을 함축하는 또 다른 서술을 통해 그녀의 실체를 서서히 깨닫게 된다. 이와 함께 수에 대한 주드의 생각이나 관점을 신뢰하지 않고 서술자가 함축적으로 인도하는 대로 수를 이해하게 된다.

인용문헌

Boumelha, Penny. *Thomas Hardy and Women: Sexual Ideology and Narrative Form*. Sussex: The Harvester Press, 1982.

Hardy, Thomas. *Jude the Obscure*. 1895; rpt. New York: Norton, 1999.

Hardy, Thomas. "Letter to Edmund Gosse, November 20, 1895." *The Collected Letters of Thomas Hardy*. Vol. II. Ed. Richard L. Purdy & Michael Millgate. Oxford: Clarendon, 1980.

Howe, Irving. *Thomas Hardy*. New York: Macmillan, 1967.

Widdowson, Peter. *On Thomas Hardy: Late Essays and Earlier*. London: Macmillan, 1998.

THOMAS HARDY

Jude the Obscure

VII. 참고문헌

VII. 참고문헌

Boumelha, Penny. *Thomas Hardy and Women: Sexual Ideology and Narrative Form.* Sussex, The Harvester Press, 1982. 하디가 작품마다 다양한 서술 방식을 구사하고 있음에 주목하면서 하디를 실험적 작가로 본다. 수의 성적 특이함은 구체적인 계급적, 성적 상황에 의해 규정되고 있으며, 계급적, 성적 억압이 두 주인공의 삶에 서로 얽혀드는 양상을 파고든 것이 『무명의 주드』의 탁월함이라고 주장한다.

Brady, Kristin. "Textual Hysteria: Hardy's Narrator on Women." *The Sense of Sex: Feminist Perspectives on Hardy.* Ed. Margaret R. Higonnet. Chicago: U of Illinois P, 1993. 87-106. "텍스트의 히스테리"(textual hysteria)라는 개념을 도입하여 하디의 텍스트가 여성 육체에 대한 불안감을 담고 있는 신경증적 담론에 속한다고 주장한다. 여성에 대한 당대의 통념을 비판하는 듯 하다가 결국에는 여권론 그 자체에 히스테리를 보이고 마는 텍스트라는 것이다.

Bullen, J. B. : *The Expressive Eye: Fiction and Perception in the Work of Thomas Hardy.* Oxford: Clarendon, 1986. 하디가 당시 화단에 풍미하던 인상주의, 특히 화가 터너(Turner)의 영향을 크게 받았고 하디 소설에서는 '보는' 행위가 주제 면에서나 형식면에서 중요한 비중을 차지하고 있음을 주목한다.

Eagleton, Terry. *Criticism and Ideology: A Study in Marxist Literary Theory.* London: Verso, 1976. 하디를 도시 중산층과 상류층 독자를 대상으로 지적 노동을 파는 소부르조아로 자리매김 한다. 이글턴에 따르면 하디의 소설은 기존의 여러 문학 양식을 실험하고 있는데 이 양식들이 하디의 급진적 사고를 담기에 부적절함이 드러난다. 이를 통해 기존의 문학 양식과 사회 제도의 권위가 허물어진다는 것이 이글턴의 입장이다.

Fernando, Lloyd. *"New Women" in the Late Victorian Novel.* Penn State, College Park: Pennsylvania UP, 1977. 하디 소설에서 신여성의 주제가 본격적으로 다루어지고 있다고 밝혀 여성론적 비평의 도화선이 된 책이다.

Gregor, Ian. *The Great Web: The Form of Hardy's Major Fiction.* London: Faber and Faber, 1974. 하디의 소설 속에 웨섹스의 테두리를 벗어난 의식이 도입되었다는 전제아래 소설의 전개 과정에 함축되어 있는 의식의 진화 양상에 주목한다.

Higonnet. Margaret R. Ed. *The Sense of Sex: Feminist Perspectives on Hardy.* Chicago: U of Illinois P, 1993. 심리분석 이론, 영화이론, 독자반응, 의학, 서술학 등을 통해 다양하게 하디의 작품을 분석한 글들의 모음집. 히고넷은 서론에서 여성론 비평을 간략하게 정리하고 있다.

Howe, Irving. *Thomas Hardy.* New York: Macmillan, 1967.『무명의 주드』가 역사적인 변화를 배경으로 계급 문제를 본격적으로 제기했고, 인물창조나 서술기법 면에서도 전통적인 사실주의를 넘어선 현대적 감수성을 보여준다고 평가한다.『무명의 주드』의 플롯을 구성하는데 중요한 역할을 한 것은 행동이기보다는 "일련의 순간"이라는 입장을 보인다.

Ingham, Patricia. *Thomas Hardy.* Atlantic Highlands: Humanities, 1990. 성 이데올로기 및 서술방식과 연관시켜 하디 소설의 젠더 문제를 논한 부멜라의 논의를 더 구체화하여 젠더와 계급이 상호 연관되는 방식을 탐구한다.

Kramer, Dale. *Thomas Hardy: The Forms of Tragedy.* Detroit: Wayne State UP, 1975. 서술기법을 본격적으로 논의하면서 하디 소설의 극적 제시에 주목한 책이다.

Langland, Elizabeth. "A Perspective of One's Own: Thomas Hardy and the Elusive Sue Bridehead." *Studies in the Novel* 12: 1 (Spring 1980). 12-28. 랭런드는 젠더에 관한 문제와 연관지어 하디의 서술기법을 연구한 최초의 평자이다. 이 글에서는 하디의 서술자가 겉으로는 여성에 공감하지만 남성의 관점을 띠고 있기 때문에 여성 인물 수가 일관성이 없게 그려졌다고 본다.

_____. "Becoming a Man in *Jude the Obscure*." *The Sense of Sex: Feminist Perspectives on Hardy*. Ed. Margaret R. Higgonnet. U of Illinois P, 1993. 32-48. 주드의 남성성을 구성함에 있어서 수의 위치 및 역할을 탐구한다. 사회가 강요하는 남성성에 대한 현대적 관념을 주드가 내면화했기 때문에 불일관성은 수에 있는 것이 아니라 주드에게 있다는 입장이다.

Levine, George. "Shaping Hardy's Art: Vision, Class, and Sex." *The Columbia History of the British Novel*. Ed. John Richetti, New York: Columbia UP, 1994. 533-59. 불런과 밀러 같은 평자들이 분석해 놓은 심리적, 현상학적, 미학적 자질들이 계급과 성의 문제들과 어떻게 연관되어 잘 이해될 수 있는지를 제시한다. 하디 소설의 시각적 요소에 주목하면서 인물들의 응시 행위가 성적 욕망이나 계급 문제와 연결되어 있음을 밝힌다.

Miller, Hillis. *Thomas Hardy: Distance and Desire*. Cambridge: Belknap, 1970. 하디가 등장인물이나 외부 관찰자의 눈을 통한 서술방법을 빈번하게 사용한 것은 작품 내의 사건 뿐 아니라 삶에 직접적으로 연루되기를 거부하는 무의식의 표현이라고 본다.

Widdowson, Peter. *On Thomas Hardy: Late Essays and Earlier*. London: Macmillan, 1998. 하디 소설이 서투르고 멜로드라마적 요소를 지니고 있다고 비난받지만 사실은 포스트모던한 특징을 지니고 있기 때문에

그렇게 보이는 것일 따름이며 그의 소설은 관습적인 사실주의 소설과는 거리가 있다고 본다. 『무명의 주드』를 다양한 장르들이 다중적으로 섞여 있는 반사실주의적인 풍자소설로 평가한다.

Williams, Merryn and Raymond Williams. "Hardy and Social Class." *Thomas Hardy: The Writer and His Background.* Ed. Norman Page. London: Bell & Hyman, 1980. 하디의 소설이 농촌 내부의 관습 및 교육, 노동과 사상, 고향과 옛 것에 대한 애착과 새로운 변화의 체험이 뒤얽힌 "변경지대"(border country)에 처한 인간의 비극을 보여주고 있다고 주장한다. 하디의 계급적 입지와 그의 소설이 놓여 있는 역사적 문맥을 섬세하게 읽어낸 글이다.

Wilson, Keith Ed. *Thomas Hardy Reappraised: Essays in Honour of Michael Millgate.* Toronto: U of Toronto P, 2006. 하디 개인에 대한 글이 거의 없던 시절인 1971년 하디에 대한 자서전적 정보를 제공해준 밀게이트에 대한 감사의 표시로 15명의 저명한 학자들이 글을 써서 모은 기념 논문집이다.

고영란

서울대학교 사범대 영어과 (문학사)
서울대학교 대학원 영어영문학과 (문학석사)
충남대학교 대학원 영어영문학과 (문학박사)
미국 예일대학교 영어영문학과 객원교수
한국 로렌스학회 회장
수원대학교 영어영문학과 부교수 (현재)

저서
『영미소설의 서술방법과 구조』, 『에밀리 브론테의 <폭풍의 언덕>』
『영국소설과 서술기법』(공저),
『영화로 읽는 영미소설 1: 사랑이야기』(공저)
『페미니즘 시각에서 영미소설 읽기』(공저),
『영국소설 명장면 모음집』(공저), 『영미모더니즘 문학의 전개』(공저)

역서
『영국소설사』(공역), 『미국소설사』(공역)

영미소설 해설총서 6 **무명의 주드**

1판 1쇄 찍음 • 2010년 6월 30일
1판 1쇄 펴냄 • 2010년 7월 5일

지은이 • 고 영 란
발행인 • 정 현 걸
발 행 • 신 아 사
인 쇄 • 예지인쇄

출판등록 • 1956년 1월 5일 (제9-52호)
서울특별시 은평구 녹번동 28-36 2F
전화 02.382.6411 • 팩스 02.382.6401
홈페이지 • www.shinasa.co.kr
이메일 • shinasa@chol.com

ISBN 978-89-8396-694-0 (94840)

정가 **10,000** 원